KB213601

창의적 인재양성을 위한

인성교육

전종희 · 김선중 · 양은희 지음

 창지사

인성교육 서약서

본인은 201   년도 창의적 인재양성을 위한 [인성교육] 참여자로서
다음 사항을 준수할 것을 서약합니다.

1. 인성교육에 적극적으로 참여합니다.   서명 _____

2. 인성교육에서 나온 타인의 정보를 동의 없이
   일체 누설하지 않겠습니다.   서명 _____

3. 집단원의 기본적인 인격을 존중하여
   언어적, 비언어적, 신체적 폭력을 하지 않겠습니다.   서명 _____

이상과 같이 창의적 인재양성을 위한 [인성교육] 참여자로서
성실히 임할 것임을 서약합니다.

201   년   월   일

멘티: _____
멘토: _____

사용설명서

순서	컨텐츠 구성	내용
1	생각의 힘 	인성교육 전에 [차시별 주제]에 대한 개인적인 경험을 통해 자연스럽게 만들어진 자신의 생각을 주장하는 시민의식 **확인단계**
2	배움의 힘 	인성덕목을 생활화하기 위한 이론적 지식을 배우는 **기본단계**
3	앎의 힘 	글로벌 시대가 요구하는 인성개념을 함양하는 실천·체험의 **활동단계**
4	표현의 힘 	차시별 주제에 대한 자신의 생각 =〉 배움 =〉 앎을 내외적으로 건강하게 표현하여 '인성이 진정한 희망'임을 경험하여 참된 인간으로 현재를 살고, 미래를 성실하게 준비하도록 도와주는 **마스터단계**

머 리 말

　오늘날 인성교육에 대한 관심이 높아지면서 인성교육 프로그램이 어린이 집에서부터 대학교를 졸업하기까지 교과와 비교과를 포함하여 다양한 체험 활동의 형태로 많은 학교와 기관에서 실시되어 왔다. 그러나 대학 입학이 중요한 인생의 과제로 되어 있는 우리나라에서 대학입시를 위한 주입식 교육은 고등학교 시절의 인성교육이 수용되지 못하고 뒷전으로 밀려나도록 하고 있다. 또한 대학생도 입학하면서부터 전공학점 관리, 자격증 취득, 각종 시험 등의 취업준비로 내몰리고 있다. 이러한 현실은 학습자들이 자신에 대한 이해와 함께 건강하게 성장하기가 쉽지 않고, 자기정체감이나 가치관 확립에 어려움을 갖게 한다. 특히 어려운 상황에 봉착했을 때 문제해결 능력이 부족하여 쉽게 좌절감과 우울감에 빠지는 정서적 문제를 경험하게 되고, 결국에는 건강한 사회인으로 성장하지 못하고 방황하게 될 가능성이 높아질 수 있다. 따라서 학습자들에게 내·외적으로 건강하게 성장하도록 돕는 인성교육이 필요하다.

　저자들은 그동안 대학과 다양한 실천현장(profit, non-profit)에서 학습자들의 성장을 위한 다양한 인성교육을 진행하였으나 적절한 교재가 없어서 필요할 때마다 유인물로 대체해 왔다. 그때마다 체계적으로 조직된 교재의 필요성을 간절히 원했고 그동안의 고민과 경험을 바탕으로 이 책을 출간하기로 하였다.

　이 책은 대학에 입학해서 졸업하는 시점까지 학습자로서 내·외적으로 건강하게 성장하도록 돕는 대학생 인성교육 안내서라고 할 수 있다. 다루고 있는 내용의 구성은 매 차시 [생각의 힘-배움의 힘-앎의 힘-표현의 힘]의 4영역으로 나뉘어져 있다. 1차시에는 독립성과 자주성, 2차시에는 언어·의사소통, 3차시에는 심리적 안정성, 4차시에는 판단력, 5차시에는 공감·포용력, 6차시에는 지도성·사회성, 7차시에는 계획성, 8차시에는 지식·정보력, 9차시에는 봉사·희생·협동성, 10차시에는 성실·책임감, 11차시에는 인간관계, 12차시에는 문제해결력·탐구력, 13차시에는 직업윤리, 14차시에는 창의·응용력, 15차시에는 열정 등으로 구성되었다.

반갑습니다.
고맙습니다.
덕분입니다.

이 책은 교양수업 외에 집단상담, 집체교육 등을 통해 내용에 대한 내적 경험과 소통 및 발표, 서로의 피드백을 통해 체험함으로써 자아인식, 자기관리, 인간관계, 리더십 등의 인성에 요구되는 소양능력을 증진하는 데 도움이 될 것이다. 또한 진로탐색, 진로설계, 경력개발, 취업전략, 취업준비 등의 현실적 분야를 정립하는 시간도 될 것이다. 보편적으로, 책의 이론적인 것을 주로 교육하는 인성교육을 지양하였으며, 주제마다 스스로의 실제 경험사례를 떠올림으로써 생각의 힘을 존중받고, 표현하는 힘을 지지하도록 역점을 두었다. 특히 공동체 안에서 인간다운 성품과 역량을 길러내고 몸과 마음을 건강하게 살아가도록 체험하는 인성교육, 시민교육 시간으로 활용될 수 있는 장점이 있다.

주입식 교육이 익숙하여 성적이 보장되고 그로 인한 취직 또한 큰 걱정은 없으나, 나름의 고민이 있는 학생들, 자신의 생각과 느낌을 타인에게 솔직하게 표현하고 싶은 학생들, 내면탐색의 시간을 만들어 본 적이 없고, 대인관계에 어려움을 느끼는 학생들, 자기주도적인 삶을 꿈꾸는 학생들에게 미래의 인생계획이나 진로에 대해 안내받고 싶을 때 이 책과 프로그램이 도움이 될 것이다. 특히 교직·적성인성검사 시험을 준비하는 예비교사들이 노고를 위로받고, 바람직한 예비교사로 성장하는 데 도움이 될 것이다.

상담자들이나 교사들에게는 상담(개인, 집단, 가족) 및 집단상담(집체교육) 장면에서 프로그램 활동지, 중도탈락(예방) 프로그램을 위한 상담활동지로 활용할 수 있을 것이다. 또한 NCS 직업기초능력(14영역)의 보완 자료로 활용함으로써 직무능력수행을 위한 체험활동 지도에 도움이 되기를 기대해 본다.

끝으로 우리의 원고를 보시고 교수자의 진정성이 학습자에게 잘 전해져서 실질적인 도움이 되기를 희망하며 흔쾌히 출판을 맡아주신 창지사 나기영 부대표님, 어진용 상무님, 이윤미 편집장님, 황윤경 표지 디자이너께 진심으로 감사드립니다.

반갑습니다. 고맙습니다. 덕분입니다.

2016년 2월
저자 일동

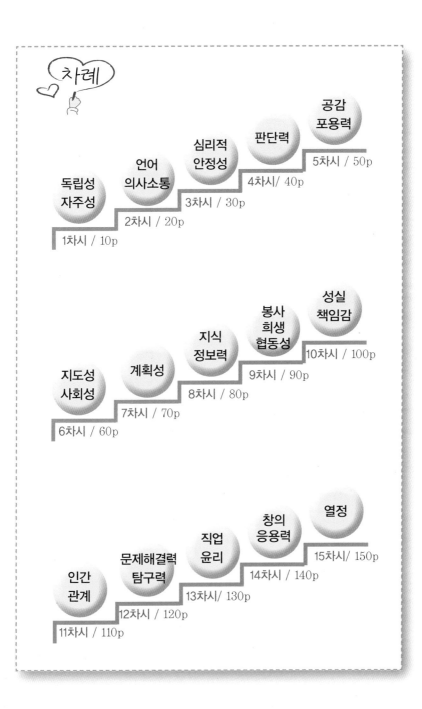

무궁화
(꽃말: 일편단심, 영원)

1차시

독립성 · 자주성

세상은 서로 반대 되는 것들로 가득하다.

행복 뒤에는 슬픔이 있고, 슬픔 뒤에는 행복이 있다.
햇빛이 비치는 곳이면 어디든 그늘이 있고,
빛이 있는 곳이면 어두움이 있게 마련이다.
태어남이 있는 곳에 죽음이 있다.
이들을 이겨내는 길은 이들을 없애 버리는 데
있는 것이 아니라, 이들을 뛰어넘고 집착으로부터
완전히 자유로워지는 데 있다.

－마하트마 간디－

독립성 · 자주성

타인의 의지나 관습에 맹종하지 않고 스스로를 통제하여 자신의 의지를
표현하며, 자발적으로 행동하는 성격 특징을 말합니다. 이는 개개인의
사고와 행동에 진정한 자유를 가지고 표현할 수 있는 자율적 관계
속에서 가능할 것입니다. 내가 원하는 삶, 나에게 가치 있는 삶이
무엇인지 알고, 의미 있고 건강하게 성장해가는 일이 무엇보다
중요합니다. 고립적인 독립성이나 자아도취적 자주성이 아니라 관계성
속에서 아름다운 꽃으로 피어나야 합니다.

1차시 활동 함께해요!
1. 나의 뿌리 찾기
2. 나는 이런 사람이에요!
3. MBTI 검사를 통한 나의 이해

나의 성격의 강점과 보완할 점 등을 발견해 봅시다. 있는 그대로의
나의 모습을 알고 소중히 여기고 받아들이는 연습을 해 봅시다. 자신을
이해하고 자신을 좋아할 수 있는 능력을 키울 수 있습니다. 나를 소중히
여겨야 남도 소중히 여길 수 있습니다.

1. 생각의 힘

1. *Reading Article*

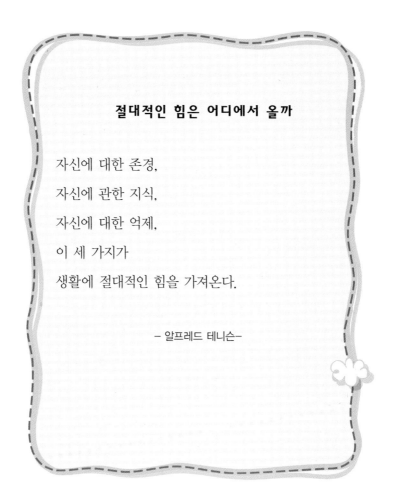

절대적인 힘은 어디에서 올까

자신에 대한 존경,

자신에 관한 지식,

자신에 대한 억제,

이 세 가지가

생활에 절대적인 힘을 가져온다.

– 알프레드 테니슨–

2. 문장 완성 분석

활동방법

[독립성 · 자주성] 관련 주요 용어에 대한 미완성 문장을 완성하도록 하여, 문장에 나타난 감정적 색채나 문장의 맥락을 통해서 내면탐색 및 갈등을 이해하는 시간을 가져 보세요.

[일러두기] 다음에 기술된 문장은 뒷부분이 빠져 있습니다. 각 문장을 읽으면서 맨 먼저 떠오르는 생각을 뒷부분에 기록하여 문장을 완성해 주십시오. 시간제한은 없으나 가능한 한 빠르고 솔직하게 작성하여 주세요.

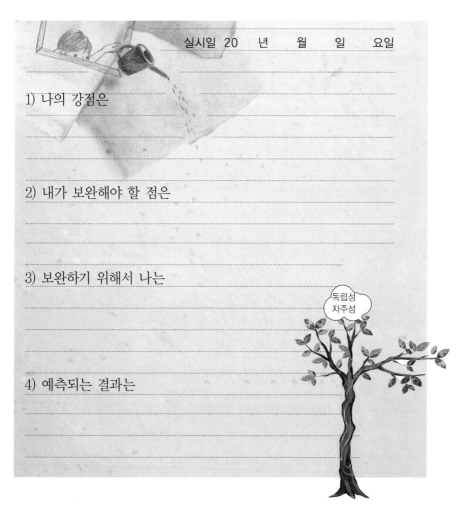

실시일 20   년   월   일   요일

1) 나의 강점은

2) 내가 보완해야 할 점은

3) 보완하기 위해서 나는

독립성
자주성

4) 예측되는 결과는

2. 배움의 힘

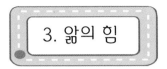

1. 나의 뿌리 찾기

활동방법

① 나의 성명, 젠더, 탄생일에 대해 기록해 보세요.
② 성명, 젠더, 태어난 날의 특징에 대해 스스로의 생각을 표현해보세요.

성명:
성명(한글) _____
성명(한자) _____
뜻 풀이 _____
이름 지어주신 분: _____

나의 성명이 마음에 드나요?
☐ 네. 이유는, _____
☐ 아니오. 이유는, _____

젠더
성별: ☐ 남 ☐ 여
나의 성별이 마음에 드나요?
☐ 네. 이유는, _____
☐ 아니오. 이유는, _____

탄생일
생년월일 _____ 년 _____ 월 _____ 일(현재 _____ 세) ☐ 양력 ☐ 음력
내가 태어난 달의 특징을 자유롭게 작성해 보세요.

```



```

2. 나는 이런 사람이에요!

활동방법

① 두 사람이 짝이 되어 활동지를 바꾸세요.
② 서로에게 질문을 하고, 기록해 보세요.
③ 빈칸에는 질문을 만들어 질문해 보세요.

성 명			생일	년 월 일 (양, 음)
성 별	남	여	종교	
혈액형				
최근에 본 영화나 뮤지컬				
좋아하는 음식				
성 격				
관심있는 직업				
기억에 남는 책				
___년에 하고 싶은 일들				

1
차시

독
립
성
·
자
주
성

3. 나, 너, 우리에 대한 이해

활동방법

① 나는? 너는? 어떤 유형인지 알아보고, 적어 보세요.
② 전문가에게 MBTI 검사결과에 대한 해석을 들어 보세요.
③ 나, 너, 우리가 '틀림'이 아닌 '다름'을 이해하는 시간이 되도록 검사결과를 공유해 보세요.

ISTJ(규범)	ISFJ(규범)	INFJ(배려)	INTJ(분석)
ISTP(협상)	ISFP(협상)	INFP(배려)	INTP(분석)
ESTP(협상)	ESFP(협상)	ENFP(배려)	ENTP(분석)
ESTJ(규범)	ESFJ(규범)	ENFJ(배려)	ENTJ(분석)

※ 반드시 전문가의 도움으로 해석을 받아야 합니다.

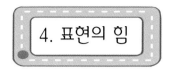

4. 표현의 힘

활동방법

① 자신을 적극적으로 표현할 수 있도록 연습의 시간을 가져 보세요.
② 멘토가 되어준 사람은 [70자 이내]로 피드백을 기록해 주세요.

선택	멘토 성명	
☐	언어적 요소 (스토리텔링, 메시지의 명확성, 자신감과 확신 등)	

선택	멘토 성명	
☐	음성적 요소 (말의 속도, 목소리 톤 발음, 발성, 자연스러움 등)	

선택	멘토 성명	
☐	신체적 요소 (표정, 제스처, 걸음걸이, 자세, 시선처리, 당당함 등)	

1
차시

독
립
성
·
자
주
성

2차시 언어 · 의사소통

내 생각에 대화는

가장 유익하고 자연스러운 정신의 유희이다.
일상의 그 어떤 행위보다도 감미롭다.
만약 어느 하나를 택해야 한다면
나는 시력보다는 청력과 목소리를 택할 것이다.
독서는 졸립고 나른하여 힘이 나지 않는다.

-미셸 드 몽테뉴-

언어 · 의사소통

의사소통은 모든 인간관계의 기본입니다. 좋은 관계를 유지하기 위해서는 상대방의 이야기를 듣고, 의미를 파악하여 이에 적절하게 반응할 수 있어야 합니다. 상대방의 입장에서 상대방의 생각과 감정을 느끼고 받아들이는 능력이 필요합니다. 적극적으로 경청할 수 있는 능력과 상대방의 메시지를 긍정적으로 피드백할 수 있는 능력을 길러야 합니다. 그리하여 나에게 이해된 상대방의 생각이나 느낌이 상대방에게 정확하게 그 의미가 전달될 수 있도록 상황과 그에 따른 적절한 표현 능력도 필요합니다. 적절한 발성도 필요합니다. 무엇보다 중요한 점은 상대방과 나를 평등한 관계로 인정하고 서로를 존중하는 마음가짐이 먼저 이루어져야 올바른 의사소통을 할 수 있습니다.

2차시 활동 함께해요!

1. 달팽이집 찾기
2. 나의 주된 감정 & 느낌
3. 나는 화자, 너는 화가

언어적 의사소통은 상대방의 입장에서 상대방의 감정을 이해하고 자신의 감정을 잘 표현할 수 있을 때 원활하게 이루어집니다. 감정을 나타내는 언어 습득과 표현하는 연습을 함으로써 그 능력을 키울 수 있습니다.

1. 생각의 힘

1. *Reading Article*

마음의 열매를 수확하기

우리가 일상적으로 사용하는 말은 생각보다 훨씬 깊은 의미를 갖는다. '열매'라는 단어는 식물이 자라 열리는 결과물을 뜻하지만 우리가 쏟는 노력의 대가로 해석 되기도 한다.

또한 '생산'이라는 말도 필요한 물건을 만들어낸다는 의미지만 보이지 않는 가치를 창조해 낼 때도 쓰인다. 하지만 당신의 마음속에는 이런 단어를 떠 올릴 때 정작 당신은 얼마나 깊게 의미를 해석하는가?
지금 당신의 마음속에는 열매를 위한 생산의 과정이 일어나고 있는가?

노력의 열매를 수확할 수 있는 자신만의 방법을 찾고, 그 방법을 통해 자신과 세상을 풍성하게 하라. 마음의 열매를 수확 할 때 느끼는 충만감은 밥을 먹어서 배가 부른 것과는 비교도 안 될 만큼 커다란 만족감을 안겨 줄 것이다.

– 바바라 골드 –

2. 문장 완성 분석

활동방법

[언어·의사소통] 관련 주요 용어에 대한 미완성 문장을 완성하도록 하여, 문장에 나타난 감정적 색채나 문장의 맥락을 통해서 내면탐색 및 갈등을 이해하는 시간을 갖습니다.

[일러두기] 다음에 기술된 문장은 뒷부분이 빠져 있습니다. 각 문장을 읽으면서 맨 먼저 떠오르는 생각을 뒷부분에 기록하여 문장을 완성해 주십시오. 시간제한은 없으나 가능한 한 빠르고 솔직하게 작성하여 주세요.

실시일 20   년   월   일   요일

1) 나의 말은

2) 나의 표정은

3) 나의 걸음걸이는

언어·
의사소통

4) 나의 목소리 톤은

2. 배움의 힘

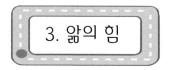

1. 달팽이집 찾기

활동방법

① 두 사람이 짝이 되어 왼쪽에 있는 사람은 눈을 감고, 오른쪽에 있는 사람은
   안내자가 됩니다.
② 그림의 진입 화살표에 볼펜을 대고 눈을 감습니다. 안내자는 중간의 목적지 A를
   향해 오로지 말로만 안내합니다.
③ 눈을 감은 사람은 볼펜이 달팽이의 벽에 닿지 않도록 소통하면서 가보세요.
④ 서로 역할을 바꾸어 목적지 B까지 같은 요령으로 활동합니다.

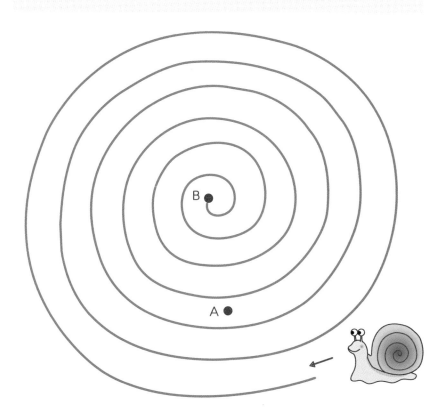

2. 나의 주된 감정 & 느낌

활동방법

① 아래 단어를 보고 나의 주된 감정을 찾아보세요. (여러 감정 선택가능)
② 선택한 여러 감정 중에 최근 한 달 동안 느꼈던 생각이나 주된 감정에 대해 이야기 나누는 시간을 가져 보세요.
③ 주된 감정을 내재화한 상태에서 현재 타인과 의사소통의 방해요인에 대해 살펴보는 시간을 가져 보세요.

감	사	한	답	걱	요	힘	외	기	샘	고	부
무	동	정	답	귀	정	든	로	쁜	요	어	끄
심	기	적	한	찮	거	스	운	한	자	리	러
한	쁜	성	인	은	장	미	러	자	랑	둥	운
불	안	한	예	고	흐	뭇	한	운	스	절	면
냉	경	억	다	민	사	랑	하	는	러	한	희
재	정	울	손	용	한	고	마	운	운	자	부
미	힘	한	의	기	소	침	한	안	심	되	는
있	이	슬	픈	힘	든	울	멍	우	지	반	희
는	넘	짜	증	난	경	한	한	울	친	가	망
멍	치	초	혼	란	스	러	운	한	생	운	찬
한	는	복	조	개	서	운	한	기	기	무	당
외	웃	웃	방	한	신	나	는	다	있	서	당
로	꽃	음	법	겨	즐	다	울	려	는	운	한
운	길	악	이	울	거	정	고	지	화	나	는
지	친	허	반	나	운	한	싶	는	차	분	한
미	신	무	거	운	는	겨	은	열	중	하	는
심	운	한	심	심	한	울	뿌	지	친	미	운
술	병	자	랑	스	러	운	듯	혼	란	스	런
난	초	힘	이	넘	치	는	한	재	미	있	는

3. 나는 화자, 너는 화가

활동방법

① 한 명이 화자가 되어 아래 이야기를 읽어주면, 잘 듣고, 그림으로 그려 보세요.

추운 겨울날 고슴도치 두 마리가 살고 있었어요.
눈은 펑펑 쏟아지고 바람은 세게 불었어요.
고슴도치 두 마리는 많이 추웠어요.
서로의 체온으로 추위를 이길 수 있을까 해서 조심스럽게 다가가서 꼬옥 껴안았답니다.
"아야! 아파. 네 가시에 찔렸어 ㅠㅠ."

"아야! 나도 네 가시에 찔렸어 ㅠㅠ."
두 고슴도치는 서로 가까이 다가갈수록 찔린다는 사실을 알았어요. 시간이 흘러 두 고슴도치는 가시 때문에 상처 주지 않도록 방법을 찾을 수 있었어요! 결국에는, 서로에게 온기를 전해 줄 수 있는 적당한 거리를 찾아서 편안한 겨울밤을 보낼 수 있었답니다.

1	2	3

4	5	6

4. 표현의 힘

활동방법

① 자신을 적극적으로 표현할 수 있도록 연습의 시간을 가져 보세요.
② 멘토가 되어준 사람은 [70자 이내]로 피드백을 기록해 주세요.

선택	멘토 성명	
☐	언어적 요소 (스토리텔링, 메시지의 명확성, 자신감과 확신 등)	

선택	멘토 성명	
☐	음성적 요소 (말의 속도, 목소리 톤 발음, 발성, 자연스러움 등)	

선택	멘토 성명	
☐	신체적 요소 (표정, 제스처, 걸음걸이, 자세, 시선처리, 당당함 등)	

장미
(꽃말: 질투, 비밀, 이별, 우정,
영원한 사랑, 열렬한 사랑, 아름다움)

3차시   심리적 안정성

가슴으로 느끼기

고통의 뒷맛이 없으면 진정한 쾌락도 거의 없다.
불구자라 할지라도 노력하면 된다.
아름다움은 내부의 생명으로부터 나오는 빛이다.
그대가 정말 불행할 때
세상에서 그대가 해야 할 일이 있다는 것을 믿어라.
세상에서 가장 아름답고 소중한 것은
보이거나 만져지지 않는다.
단지 가슴으로 느낄 수 있다.

−헬렌켈러−

심리적 안정성

현대사회는 아동에서 성인에 이르기까지 스트레스라는 말을 흔히 사용합니다. 이는 복잡해진 사회구조로 인한 심리적, 신체적 부담감 때문에 부정적 정서 속에서 살아가는 경향이 많이 있기 때문입니다. 정서는 삶에서 인간관계에 큰 영향을 미치고 있습니다. 따라서 희로애락(喜怒愛樂)의 생각과 감정을 상황이나 맥락에 따라 합리적으로 조절하고, 자신의 감정을 통제할 수 있는 능력이 요구됩니다. 만약 우울이나 불안과 같은 심리적 불안정성 경향을 보인다면 인간관계에 치명적 영향을 미칠 것입니다. 그러므로 평소에 심리적 안정성을 유지하는 것이 필요합니다.

3차시 활동 함께해요!
1. 요즘 내 머릿속에는
2. 듣기 싫은 말, 듣고 싶은 말
3. 화가 나요

내면의 감정을 객관적으로 바라보며, 그 감정이 무엇인지, 그 원인과 나의 대처방법을 찾는 연습을 꾸준히 할 때 심리적 안정성을 유지할 수 있는 능력을 키울 수 있습니다.

1. 생각의 힘

1. *Reading Article*

나를 보는 연습을 하자

마음은 다만 마음이지, '마음'은 '나'가 아니다.
마음을 멈추고 다만 나를 바라보라.

"무서워 죽겠다."
"힘들어 죽겠다."
"미워 죽겠다."
"죽겠다"라고 하는 것은 '마음'이지 '나'가 아니다.
날개가 달린 비둘기가 네 발 달린 고양이에게 물려죽는다.
비둘기는 고양이와 눈이 마주치는 순간
그만 얼어붙어서 꼼짝을 하지 못한다.
비둘기를 죽게 하는 건
"무서워서 꼼짝할 수 없어."라는 그 마음이다.

비둘기가 '마음'을 두고 '나'를 바라본다면 날아서 도망을 갈
수도 있을 텐데 말이다. 그런 비둘기가 된 자살인구들이
교통사고로 죽는 사람들보다 많아진 시대다.
우리는 스스로 마음을 멈추고 나를 바라보는 연습이 필요할
때이다. 멋지고, 용기 있고, 패기 있고, 아름다운 '나'를 보는
연습을 해보라.

– 틱낫한 –

2. 문장 완성 분석

활동방법

[심리적 안정성] 관련 주요 용어에 대한 미완성 문장을 완성하도록 하여, 문장에 나타난 감정적 색채나 문장의 맥락을 통해서 내면탐색 및 갈등을 이해하는 시간을 갖습니다.

[일러두기] 다음에 기술된 문장은 뒷부분이 빠져 있습니다. 각 문장을 읽으면서 맨 먼저 떠오르는 생각을 뒷부분에 기록하여 문장을 완성해 주십시오. 시간제한은 없으나 가능한 한 빠르고 솔직하게 작성하여 주세요.

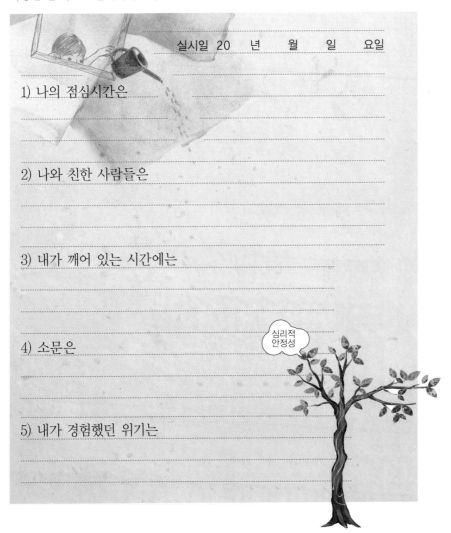

실시일 20   년   월   일   요일

1) 나의 점심시간은

2) 나와 친한 사람들은

3) 내가 깨어 있는 시간에는

4) 소문은

심리적
안정성

5) 내가 경험했던 위기는

2. 배움의 힘

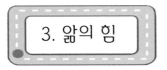

1. 요즘 내 머릿속에는?

활동방법

① 요즘 나는 어떤 생각들을 하고 있나요? 머릿속에 떠오르는 다양한 생각들을 정리해 보세요.
② 뇌의 크기를 나눠서 그려도 좋고, 사소한 생각이라도 모두 적어 보세요.
③ 생각들을 서로 이야기해 보고, 현재 나의 심리상태를 알아보세요.

3
차시

심
리
적

안
정
성

2. 듣기 싫은 말, 듣고 싶은 말

활동방법

① 일상생활이나 문제 상황에서 내가 듣기 싫은 말(부정적 감정이 드는)을 적어 보세요.
② 일상생활이나 문제 상황에서 내가 듣고 싶은 말을 적어 보세요.

3. 화가 나요

활동방법

① 나를 화나게 만드는 것, 내가 남을 화나게 하는 경우들을 생각해서 적어 보세요.
② 화날 때 보여지는 좋은 습관과 나쁜 습관을 적어 보세요.
③ 자유롭게 돌아다니면서 다른 사람들과 기록한 상황을 가지고 이야기 해 보세요.
  그리고 가장 나를 공감해 준 사람이 누구인지 뽑아 보세요.

나를 화나게 만드는 것

내가 남을 화나게 만드는 것

내가 화날 때 하는 나쁜 습관

내가 화날 때 하는 좋은 습관

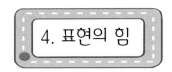

4. 표현의 힘

활동방법

① 자신을 적극적으로 표현할 수 있도록 연습의 시간을 가져 보세요.
② 멘토가 되어준 사람은 [70자 이내]로 피드백을 기록해 주세요.

선택	멘토 성명	
☐	언어적 요소 (스토리텔링, 메시지의 명확성, 자신감과 확신 등)	

선택	멘토 성명	
☐	음성적 요소 (말의 속도, 목소리 톤 발음, 발성, 자연스러움 등)	

선택	멘토 성명	
☐	신체적 요소 (표정, 제스처, 걸음걸이, 자세, 시선처리, 당당함 등)	

개나리
(꽃말: 희망, 깊은 정, 지나친 욕심)

4차시

판단력

작은 데서 큰 것을 생각하는 사람이 크게 이룬다.

큰 일에는
진지하게 대하지만
작은 일에는
손을 빼는 것이
당연하다고 생각하는 것
몰락은 언제나 여기에서 시작된다.

-헤르만헤세-

판단력

일반적으로 사물이나 상황을 인식하여 논리나 기준 등에 따라 판단할 수 있는 능력을 의미합니다. 사람들은 살아가는 삶 안에서 자신의 의지나 또는 자신의 의지와는 상관없이 소소한 상황들에서 여러 가지 문제들을 수없이 겪습니다.

또한 사람들은 자신의 이익을 극대화하기 위해 선택하고 행동하는 경우가 많이 있습니다. 최선의 선택이라고 판단하여 수행했던 행동이 항상 최상의 결과를 가져다주는 것도 아닙니다. 오히려 최악의 결과를 초래할 수도 있습니다. 판단과 선택에 대한 수없이 많은 갈등과 실패를 겪고 이러한 문제를 해결하고, 견디고, 극복하고, 해결하는 과정에서 진정한 삶이 무엇인지를 알고 스스로 의미를 부여할 수 있습니다.

> 4차시 활동 함께해요!
> 1. 죄수의 딜레마
> 2. 놈놈놈
> 3. 좋은 벗이란

관계성 속에서 자신의 판단력이 끼칠 영향, 효과 등을 종합적으로 사고하는 연습이 필요합니다. 개인적인 일과 조직적인 일에 대한 판단력, 진정한 삶의 의미를 찾는 데 도움이 될 수 있습니다.

1. 생각의 힘

1. *Reading Article*

혀를 조심하라

어느 날 랍비는 하인에게 "아무리 비싸더라도 가장 맛있는 것"으로 사오라고 시켰다.

하인은 무엇을 살까 고민하다가 혀를 사 가지고 돌아왔다.

"오, 그래. 네가 사 온 것이 혀란 말이냐? 그래, 수고했다."

이틀 뒤 랍비는

"오늘은 맛이 없더라도 값싼 것을 사 오너라." 하고 하인에게 심부름을 시켰는데

하인은 역시나 혀를 사 가지고 왔다.

랍비는,

"비싸더라도 가장 맛있는 것으로 사오라고 했을 때도, 맛이 없더라도 값싼 것을 사 오라고 했을 때도 혀를 사 가지고 온 이유가 궁금하구나!" 하고 물었는데 하인은,

"혀가 좋을 때는 한 없이 좋지만, 나쁠 때는 그 보다 더 나쁜 것은 그 어디에도 없다는 생각에 혀를 사왔습니다."라고 말했다.

― 탈무드 중에서 ―

2. 문장 완성 분석

활동방법

[판단력] 관련 주요 용어에 대한 미완성 문장을 완성하도록 하여, 문장에 나타난 감정적 색채나 문장의 맥락을 통해서 내면탐색 및 갈등을 이해하는 시간을 갖습니다.

[일러두기] 다음에 기술된 문장은 뒷부분이 빠져 있습니다. 각 문장을 읽으면서 맨 먼저 떠오르는 생각을 뒷부분에 기록하여 문장을 완성해 주십시오. 시간제한은 없으나 가능한 한 빠르고 솔직하게 작성하여 주세요.

실시일 20   년   월   일   요일

1) 나의 선택은

2) 때때로 결정

3) 판단하는 일이

4) 역경에 처했을 때

판단력

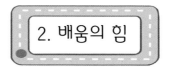

2. 배움의 힘

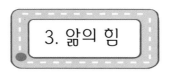

1. 죄수의 딜레마

활동방법

두 명의 사건 용의자가 체포되어 서로 다른 취조실에서 격리되어 심문을 받으며 서로 간의 의사소통은 불가능한 상황입니다.
이들의 자백 여부에 따라 복역이 달라짐을 알고 있습니다.
아래 상황에서 선택(1~3번) 해 보고, 왜 그렇게 결정했는지 이유를 기록해 보고 이야기 나눠 보세요.

O1 둘 중 하나가 배신하여 죄를 자백하면 자백한 사람은 즉시 풀어주고 나머지 한 명이 10년을 복역해야 한다.

O2 둘 모두 서로를 배신하여 죄를 자백하면 둘 모두 5년을 복역한다.

O3 둘 모두 죄를 자백하지 않으면 둘 모두 6개월을 복역한다.

1번		2번		3번	
A	B	A	B	A	B
10년 복역	석방	5년 복역	5년 복역	6개월 복역	6개월 복역
〈10년 복역〉		〈5년 복역〉		〈6개월 복역〉	

선택한 번호	이유

2. 놈놈놈

명중률: 좋은 놈 30%, 이상한 놈 70%, 나쁜 놈 100%

〈착한 놈〉

총잡이인 좋은 놈, 이상한 놈, 나쁜 놈 3명이 서로의 사격 솜씨에 대해 잘 알고 있습니다.
동시에 한 방만 쏠 수 있다면, 마지막에 살아남는 자는 누구 일까요?

이유:

〈이상한 놈〉

공정한 게임을 위해 명중률이 낮은 좋은 놈부터 쏠 수 있다면, 누구를 먼저 쏘는 것이 가장 좋을까요?

이유:

〈나쁜 놈〉

3. 좋은 벗이란?

활동방법

① 좋은 벗이 되기 위한 특징을 기록해 보세요.
② 비밀을 말할 수 있는 친구의 특징을 이야기 해 보세요.

좋은 벗이란?

사랑합니다

좋은 벗의 특징

_____

_____

_____

미안합니다.

비밀을 말할 수 있는 친구의 특징

_____

_____

_____

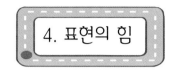

4. 표현의 힘

활동방법

① 자신을 적극적으로 표현할 수 있도록 연습의 시간을 가져 보세요.
② 멘토가 되어준 사람은 [70자 이내]로 피드백을 기록해 주세요.

선택	멘토 성명	
☐	언어적 요소 (스토리텔링, 메시지의 명확성, 자신감과 확신 등)	

선택	멘토 성명	
☐	음성적 요소 (말의 속도, 목소리 톤 발음, 발성, 자연스러움 등)	

선택	멘토 성명	
☐	신체적 요소 (표정, 제스처, 걸음걸이, 자세, 시선처리, 당당함 등)	

벚꽃
(꽃말: 정신의 아름다움)

5차시

공감 · 포용력

타인의 마음을 얻는 방법

타인의 마음을 이해하는 일에는 요령이 있다.
누구를 대하든 자신이 아랫사람이 되는 것이다.
그러면 저절로 자세가 겸손해지고,
이로써 상대에게 좋은 인상을 안겨준다.
그리고 상대는 마음을 연다.

－괴테－

공감 · 포용력

공감은 남의 생각, 감정, 의견, 주장 등에 대하여 자신도 그렇다고 느끼거나 그렇게 느끼는 기분을 말합니다. 교사는 학습자의 정서와 그들의 입장을 이해하는 것이 필요합니다. 이는 그들의 정서와 의견에 귀 기울이며 수용하는 공감적인 태도를 지닐 때 가능합니다. 포용력은 상대방을 감싸주며, 호응할 줄 알고, 상대방의 장·단점까지 이해하여 수용할 수 있는 생활태도와 타인의 잘못을 이해하며 이를 개선하여 적극적으로 발전시키는 데 역점을 두는 태도까지 포함합니다. 공감과 포용력은 그 자체로써 온전하게 느껴야 상대방과의 공감대가 형성이 되고, 포용함으로써 더 큰 울림을 가져올 수 있습니다.

5차시 활동 함께해요!
  1. 1분 60초
  2. If Only...
  3. 힘이 되어 주는 사람

나와 상대방의 다름을 이해하는 태도–갈등상태에 처한다고 해도 나와 상대방에게 일어나는 감정이 무엇인지, 어떻게 다른지 이해하고 수용할 수 있는 태도–는 좋은 관계를 유지할 수 있습니다. 상대를 공격하기보다 존중하고 수용할 수 있는 태도는 공감·포용력을 기를 수 있습니다.

1. 생각의 힘

1. *Reading Article*

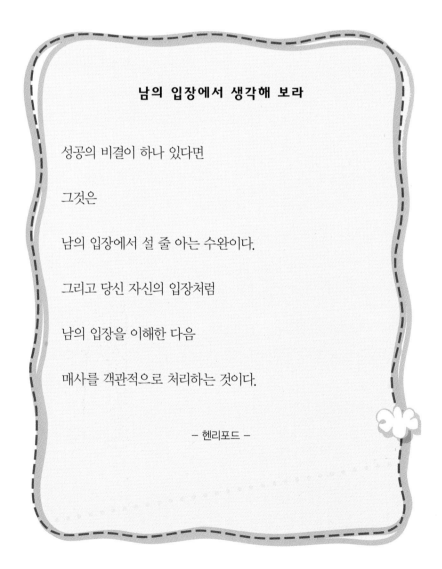

남의 입장에서 생각해 보라

성공의 비결이 하나 있다면

그것은

남의 입장에서 설 줄 아는 수완이다.

그리고 당신 자신의 입장처럼

남의 입장을 이해한 다음

매사를 객관적으로 처리하는 것이다.

— 헨리포드 —

2. 문장 완성 분석

활동방법

[공감 · 포용력] 관련 주요 용어에 대한 미완성 문장을 완성하도록 하여, 문장에 나타난 감정적 색채나 문장의 맥락을 통해서 내면탐색 및 갈등 을 이해하는 시간을 가져 보세요.

[일러두기] 다음에 기술된 문장은 뒷부분이 빠져 있습니다. 각 문장을 읽으면서 맨 먼저 떠오르는 생각을 뒷부분에 기록하여 문장을 완성해 주십시오. 시간제한은 없으나 가능한 한 빠르고 솔직하게 작성하여 주세요.

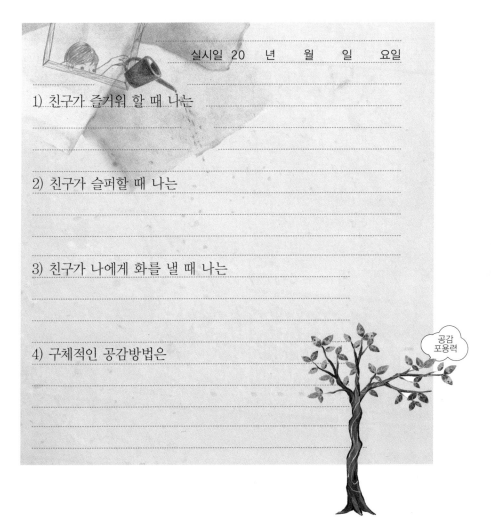

실시일 20   년   월   일   요일

1) 친구가 즐거워 할 때 나는

2) 친구가 슬퍼할 때 나는

3) 친구가 나에게 화를 낼 때 나는

4) 구체적인 공감방법은

공감 포용력

2. 배움의 힘

1. 1분은 60초

활동방법

1분은?
1분... 60초...라는 시간에 대해 어떻게 생각하세요?
무엇을 할 수 있는지 그림이나 글로 표현해 보세요.

〈우리가 함께하는 지금은...〉

2. If Only...

활동방법

① 3개월 이내의 경험 중 기억에 남는 한 가지 사건을 기록해 보세요.
② 그때 일을 떠올려 보고 어떤 감정이 주로 생각나는지 기록해 보세요.
③ 좋은 경험으로 기억이 되었든, 그렇지 않든 경험을 근거로 이후의 나의 공감 및
   포용력은 어떻게 표현될 수 있는지 생각해보고 기록해 보세요.

3개월 이내의 경험을 떠올려 보고, 기억에 남는 한 가지 사건을
구체적으로 기록해 보세요!

그때 일을 떠올려 보니 지금은 어떤 생각이 드나요?

이유는 무엇인가요?

만일 위의 경험이 반복된다면, 나는 어떠한 생각과 행동을 하게 될
것인지 기록해 보세요.

3. 힘이 되어 주는 사람

활동방법

① 나에게 힘이 되어 주는 또는 주었던 사람을 기록해 보세요.
② 그 중 한 명을 선택하여 고마운 마음을 글이나 그림으로 표현해 보세요.

힘이 되어준 사람(5인 이상)

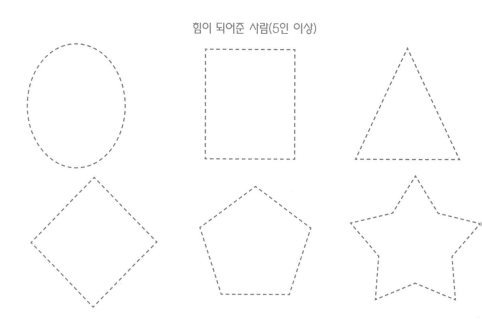

힘이 되어 주는 사람 중에 1명을 선택하여 고마운 마음을 표현해 보세요

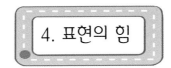

4. 표현의 힘

활동방법

① 자신을 적극적으로 표현할 수 있도록 연습의 시간을 가져 보세요.
② 멘토가 되어준 사람은 [70자 이내]로 피드백을 기록해 주세요.

선택	멘토 성명	
☐	언어적 요소 (스토리텔링, 메시지의 명확성, 자신감과 확신 등)	

선택	멘토 성명	
☐	음성적 요소 (말의 속도, 목소리 톤 발음, 발성, 자연스러움 등)	

선택	멘토 성명	
☐	신체적 요소 (표정, 제스처, 걸음걸이, 자세, 시선처리, 당당함 등)	

카네이션
(꽃말: 사랑, 존경)

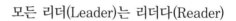

6차시 지도성 · 사회성

모든 리더(Leader)는 리더다(Reader)

모든 독서가(Reader)가다
지도자(Leader)가 되는 것은 아니다.
그러나 모든 지도자는 반드시
독서가가 되어야 한다.

ㅡ해리트루먼ㅡ

지도성·사회성

지도성은 어떤 상황이나 조직의 과업달성을 위해 구성원의 효과적인 노력을 주도할 수 있는 개인의 능력을 말합니다. 구성원의 욕구충족과 조직의 효과적인 목표달성에 필수적입니다. 특히 교육현장의 변화에 영향을 미치는 변수들 가운데 가장 대표적인 것이기도 합니다. 그만큼 지도성은 유형에 따라 조직의 사기를 증대시키고 구성원의 발전을 촉진시킬 수 있는 데에 큰 영향을 미칩니다.

사회성은 사회생활에서 대인관계, 단체생활에서의 적응력, 헌신과 참여, 협동력 등의 능력입니다. 사람들은 사회성을 인식하고 원만한 상호작용을 통하여 학생의 사회적 능력 발달을 촉진시키기 위한 여러 활동(타인에 대한 민감성 향상, 신체 이미지 인식, 의사소통 기술 향상)을 수행할 수 있어야 합니다.

스스로 자신을 리드하는 셀프리더십과 관계 속에서의 관계리더십이 조화롭게 구현되었을 때 본래의 리더십이 발휘될 수 있습니다.

6차시 활동 함께해요!
1. 지도성 마인드맵
2. 리더십 보완전략
3. 나만의 리더십

누구에게나 리더십은 있으므로, 개인별로 자신만의 리더십 유형을 알아보고, 효과적인 리더십을 기를 수 있으며, 상호작용을 통해 사회적 능력을 기를 수 있습니다.

1. 생각의 힘

1. *Reading Article*

무슨 일을 하던 시간이 필요하다

갑자기 이루어지는 일은 없다.
한 알의 과실,
한 송이의 꽃조차
한순간에 생겨난 것이 아니다.

그대가 나를 향해서
과실이 필요하다고 말한다면
나는 대답할 것이다.

시간이 필요하다.
먼저 꽃이 피게 하라.
그리고 열매가 나오도록 하여야 한다.

– 에픽테토스 –

2. 문장 완성 분석

활동방법

[지도성·사회성] 관련 주요 용어에 대한 미완성 문장을 완성하도록 하여, 문장에 나타난 감정적 색채나 문장의 맥락을 통해서 내면탐색 및 갈등 을 이해하는 시간을 가져 보세요.

[일러두기] 다음에 기술된 문장은 뒷부분이 빠져 있습니다. 각 문장을 읽으면서 맨 먼저 떠오르는 생각을 뒷부분에 기록하여 문장을 완성해 주십시오. 시간제한은 없으나 가능한 한 빠르고 솔직하게 작성하여 주세요.

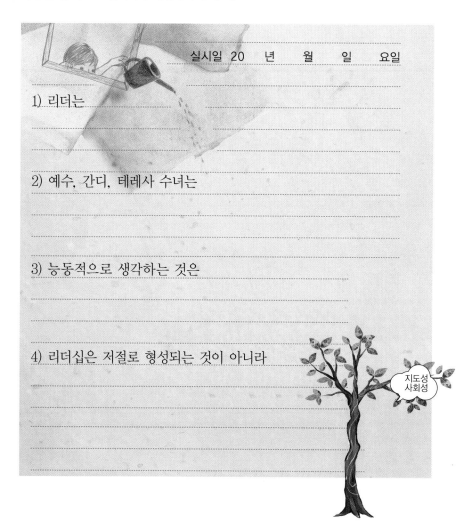

실시일 20 년 월 일 요일

1) 리더는

2) 예수, 간디, 테레사 수녀는

3) 능동적으로 생각하는 것은

4) 리더십은 저절로 형성되는 것이 아니라

지도성
사회성

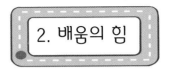

2. 배움의 힘

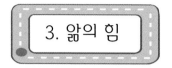

1. 지도성 마인드맵

활동방법

'지도성'하면 떠오르는 생각을 5가지 이상 써 보세요.

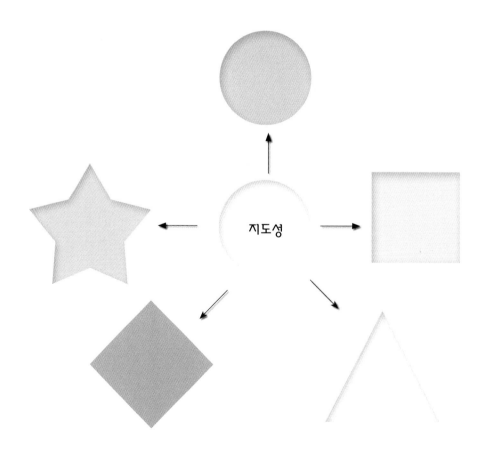

6
차시

지
도
성
·
사
회
성

2. 리더십 보완전략

활동방법

① 나에게는 리더십이 있다고 생각하나요? 있다면 어떤 리더십을 가지고 있는지 기록해 보세요.

② 리더십을 발전시키기 위한 보완점을 다양한 측면에서 기록해 보세요.

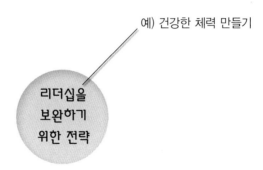

예) 건강한 체력 만들기

리더십을 보완하기 위한 전략

3. 나만의 리더십

활동방법

① 과업수행을 위해 구성원을 독려할 때 나타나는 자신의 [장점과 개발해야 할 점]을 작성해 보세요.
② 작성한 자신의 [장점과 개발해야 할 점]을 타인과 이야기 나눠 보세요.

ISTJ(규범)	ISFJ(규범)	INFJ(배려)	INTJ(분석)
ISTP(협상)	ISFP(협상)	INFP(배려)	INTP(분석)
ESTP(협상)	ESFP(협상)	ENFP(배려)	ENTP(분석)
ESTJ(규범)	ESFJ(규범)	ENFJ(배려)	ENTJ(분석)

※ 반드시 전문가의 도움으로 해석을 받아야 합니다.

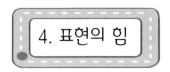

4. 표현의 힘

활동방법

① 자신을 적극적으로 표현할 수 있도록 연습의 시간을 가져 보세요.
② 멘토가 되어준 사람은 [70자 이내]로 피드백을 기록해 주세요.

선택	멘토 성명	
☐	언어적 요소 (스토리텔링, 메시지의 명확성, 자신감과 확신 등)	

선택	멘토 성명	
☐	음성적 요소 (말의 속도, 목소리 톤 발음, 발성, 자연스러움 등)	

선택	멘토 성명	
☐	신체적 요소 (표정, 제스처, 걸음걸이, 자세, 시선처리, 당당함 등)	

은방울 꽃
(꽃말: 행복의 기별)

7차시

계획성

어떤 일을 하느냐보다 더 중요 한 것

태도는 사소한 것이지만,
그것이 만드는 차이는 엄청나다.
즉 어떤 마음가짐을 갖느냐가
어떤 일을 하느냐보다
더 큰 가치를 만들 수 있다.

－윈스턴 처칠－

계획성

모든 일을 계획을 세워 활동하려는 특성을 계획성이라고 합니다. 어떤 사람들은 계획성이 있다, 없다로 평가하고, 시간에 쫓겨 긴급하게 살고, 어떤 사람들은 그렇지 않기도 합니다. 우리가 원하는 삶을 살아가기 위해서는, 달성해야 할 과제들의 우선순위를 정해서 중요한 것들을 잘 해결해 가는 능력이 필요합니다. 따라서 계획성은 조금 불편하더라도 우리 삶에서 연습해 가야 하는 부분입니다.

계획을 세워 실천해 보고, 다시 피드백하는 과정에서 중요한 것이 무엇인가 깨닫는 것이 더 소중합니다. 또한 실천하는 과정에서 새롭게 계획을 수정·보완하는 훈련도 중요합니다.

> 7차시 활동 함께해요!
> 1. 시간 매트릭스
> 2. 나의 우선순위
> 3. 미래의 나

자신의 시간사용 패턴을 알아보고, 계획을 세워 실천하는 것은 시간을 쫓는 사람이 아닌 시간의 주인이 되어 스스로 조절하며 사용하는 능력을 기를 수 있습니다.

1. 생각의 힘

1. *Reading Article*

무엇이든 즐겁게 하는 5가지 원칙

1. 자신이 하는 일이 즐거워지도록 노력하라. 그렇게만 할 수 있다면 일이 힘든 것이 아니라 즐거운 것이 될 것이다. 따라서 그 일을 바꿀 필요가 없어질 것이다. 자신을 변화시켜라. 그렇게 하면 자신의 일이 새롭게 보일 것이다.

2. 자신이 하는 일이 쉬우냐 어려우냐 하는 것은 자신이 그 일을 어떻게 생각하느냐에 따라 결정된다. 그러므로 자신의 마음가짐을 바르게 가져야 한다. 일이란 어렵다고 생각하면 실제로 어려운 것이 되고 쉽다고 생각하면 실제로 쉬운 것이다.

3. 마음을 너그럽게 갖도록 노력하고 실행하라. 항상 홀가분한 마음으로 일을 대하라. 고민하지 말고 밀고 나가라.

4. 정리되지 않은 일이 쌓이면 점점 일이 어려워진다. 오늘 할 일은 오늘 끝내라.

5. 자신을 위해 기도하라. 효과적으로 마음에 여유를 갖게 될 것이다.

– 노만 V. 피일 –

7
차시

계
획
성

2. 문장 완성 분석

활동방법

[계획성] 관련 주요 용어에 대한 미완성 문장을 완성하도록 하여, 문장에 나타난 감정적 색채나 문장의 맥락을 통해서 내면탐색 및 갈등 을 이해하는 시간을 가져 보세요.

[일러두기] 다음에 기술된 문장은 뒷부분이 빠져 있습니다. 각 문장을 읽으면서 맨 먼저 떠오르는 생각을 뒷부분에 기록하여 문장을 완성해 주십시오. 시간제한은 없으나 가능한 한 빠르고 솔직하게 작성하여 주세요.

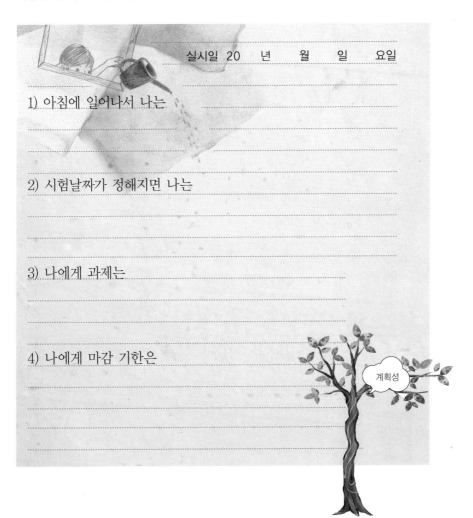

실시일 20 년 월 일 요일

1) 아침에 일어나서 나는

2) 시험날짜가 정해지면 나는

3) 나에게 과제는

4) 나에게 마감 기한은

계획성

2. 배움의 힘

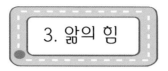

1. 시간 매트릭스

활동방법

① 일주일 동안 할 일의 목록을 떠올려 보세요.
② 목록에 있는 할 일들을 중요도와 긴급도에 따라 사분면에 나눠 기록해 보세요.

일주일 동안 할 일	
	1960년 미국 대통령 선거 당시, 케네디와 닉슨은 치열한 접전을 펼쳤습니다. 두 후보의 선거 전략이 흥미롭습니다. 케네디는 별로 중요하지 않은 지역의 선거 유세는 취소하고, 대도시 위주로 중요 접전지역에서만 유세를 했습니다. 반면 닉슨은 50개 주를 모두 다 방문하는 전략을 짰고, 동분서주하며 선거유세를 했습니다. 결과는 어땠을까요? 케네디가 미국의 35대 대통령이 되었습니다. 케네디는 닉슨과 달리 우선순위에 따라 선거운동을 했기에 대통령 선거에서 승리할 수 있었습니다.

	긴급한	긴급하지 않은
중요한	1	2
중요하지 않은	3	4

2. 올해(20   년) 나의 우선순위

활동방법

올해 나의 목표는 무엇인가요?
1년 동안 해야 할 일, 하고 싶은 일들을 생각해 보고, 우선순위를 정해서 목록을
완성해 보세요.

〈핵심〉	〈개념화〉	〈목록〉
		1. 2. 3. 4. 5.

3. 미래의 나

활동방법

① 10년 후, 나는 어떤 모습일까요? 이야기해 보세요.
② 현재의 나를 시작으로, 2년, 5년, 7년, 10년 후 나의 모습을 생각해 보고, 구체적인 계획을 세워 보세요.

현재 _____ 년 _____ 세	
2년 후 _____ 년 _____ 세	
5년 후 _____ 년 _____ 세	
7년 후 _____ 년 _____ 세	
10년 후 _____ 년 _____ 세	

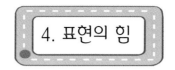

4. 표현의 힘

활동방법

① 자신을 적극적으로 표현할 수 있도록 연습의 시간을 가져 보세요.
② 멘토가 되어준 사람은 [70자 이내]로 피드백을 기록해 주세요.

선택	멘토 성명	
☐	언어적 요소 (스토리텔링, 메시지의 명확성, 자신감과 확신 등)	

선택	멘토 성명	
☐	음성적 요소 (말의 속도, 목소리 톤 발음. 발성, 자연스러움 등)	

선택	멘토 성명	
☐	신체적 요소 (표정, 제스처, 걸음걸이, 자세, 시선처리, 당당함 등)	

수국화
(꽃말: 변하기 쉬운 마음)

8차시 ♡

지식 · 정보력

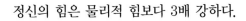

정신의 힘은 물리적 힘보다 3배 강하다.

승리를 가져오는 것은
군사의 수가 아니라 정신력이다.

정신의 힘은 물리적 힘의 3배 효과를 가졌다.
이 세상에는 칼과 정신,
두 가지 힘이 존재하지만
정신은 칼을 정복할 수 있다.

－나폴레옹－

지식·정보력

우리가 살아가고 있는 사회를 지식정보화 사회라고 부릅니다. 이는 고도로 발달한 산업사회의 결과로 나타난 사회이며, 정보력을 활용해 지식과 정보를 생산, 전달, 소비하는 활동이 중심을 이루는 사회입니다. 지식이 재산이 되는 사회입니다. 따라서 윤리의식을 가지고 지식정보사회의 문화와 아동청소년, 교육공학, 전산원리, 자료수집과 분석, 인터넷, 컴퓨터를 이해하고 활용하는 능력이 요구됩니다. 무엇보다 수많은 정보 속에서 필요한 정보를 분별할 수 있는 능력과 지적 재산을 존중하는 능력을 길러야 변화하는 사회에 대응할 수 있습니다.

8차시 활동 함께해요!
1. 좋아하는 vs 싫어하는
2. 올바른 다이어트
3. 관심분야(직업) 정보탐색

개개인별로 관심 있어 하는 분야에 대한 깊이 있는 지식과 탄탄한 정보 탐색을 위해 필요한 정보를 수집하는 방법을 알아보고, 나에게 맞는 활용 능력을 기를 수 있습니다.

1. 생각의 힘

1. *Reading Article*

진정한 앎이란 내가 몸소 직접 체험한 것이다

사람은 누구를 막론하고
자기 자신 안에 하나의 세계를 가지고 있다.
그것은 아득한 과거의 영원한 미래를
함께 지니고 있는 신비로운 세계다.

홀로 있지 않더라도 사람은 누구나 그 마음의 밑바닥에서는
고독한 존재다. 그 고독과 신비로운 세계가 하나가 되도록
거듭거듭 안으로 살펴라.
무엇이든지 많이 알려고 하지 마라.
책에 너무 의존하지 마라.
성인의 가르침이라 할지라도 종교적인 이론은 공허한 것이다.
그것은 내게 있어서 진정한 앎이 될 수 없다.
남한테서 빌린 것에 지나지 않는다.

내가 겪은 것이 아니고 내가 알아차린 것이 아니다.
남이 겪어 말해 놓은 것을 내가 아는 체할 뿐이다.
진정한 앎이란 내가 몸소 체험한 것.
이것만이 참으로 내 것이 될 수 있고 나를 형성한다.

– 법정 –

2. 문장 완성 분석

활동방법

[지식·정보력] 관련 주요 용어에 대한 미완성 문장을 완성하도록 하여, 문장에 나타난 감정적 색채나 문장의 맥락을 통해서 내면탐색 및 갈등을 이해하는 시간을 갖습니다.

[일러두기] 다음에 기술된 문장은 뒷부분이 빠져 있습니다. 각 문장을 읽으면서 맨 먼저 떠오르는 생각을 뒷부분에 기록하여 문장을 완성해 주십시오. 시간제한은 없으나 가능한 한 빠르고 솔직하게 작성하여 주세요.

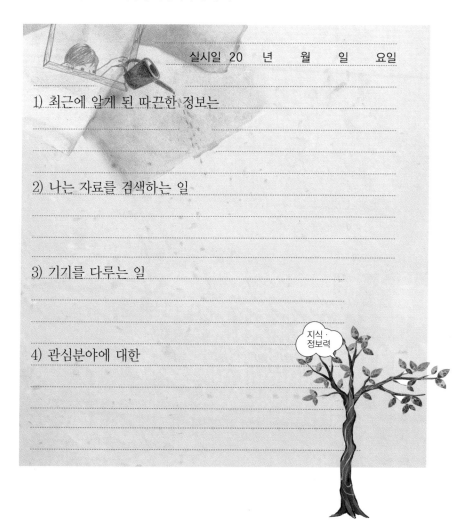

실시일 20   년   월   일   요일

1) 최근에 알게 된 따끈한 정보는

2) 나는 자료를 검색하는 일

3) 기기를 다루는 일

4) 관심분야에 대한

지식·
정보력

2. 배움의 힘

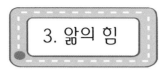

1. 좋아하는 VS 싫어하는

활동방법

좋아하는 학과와 직업 외에 싫어하는 학과, 직업에 대한 정보를 기록해 보고
이야기 나눠 보세요.

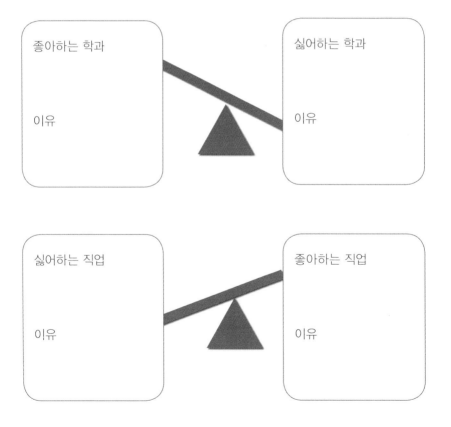

2. 올바른 (다이어트)

활동방법

살이 찌는 원인과, 올바른 다이어트에 대한 정보를 수집해서 기록해 보세요.

살이 찌는 원인을 아는 대로 기록해 보세요.

이렇게 하면
실패해요!

이렇게 하면
효과가 있어요!

이렇게 하면
성공해요!

잘못된
다이어트

다이어트
체중조절

올바른
다이어트

3. 관심분야(직업) 정보탐색

활동방법

관심 분야(직업)에 대한 정보는 얼마나 있나요? [지피지기면 백전백승]이라는 말이 있듯이, 관심분야(직업)에 대한 정보를 가능한 정확히 알아보세요.

정보	확인사항
직업명	
고용형태	☐ 정규직 ☐ 계약직
요구능력	최종학력: 자격증명:
보수	월 급여: 성과급: ☐ 있음 ☐ 없음
직무내용	
근무지	지역: 이동수단:

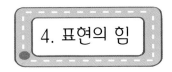

활동방법

① 자신을 적극적으로 표현할 수 있도록 연습의 시간을 가져 보세요.
② 멘토가 되어준 사람은 [70자 이내]로 피드백을 기록해 주세요.

선택	멘토 성명	
☐	언어적 요소 (스토리텔링, 메시지의 명확성, 자신감과 확신 등)	

선택	멘토 성명	
☐	음성적 요소 (말의 속도, 목소리 톤 발음, 발성, 자연스러움 등)	

선택	멘토 성명	
☐	신체적 요소 (표정, 제스처, 걸음걸이, 자세, 시선처리, 당당함 등)	

8차시

지식 · 정보력

달맞이꽃
(꽃말: 기다림)

9차시 봉사 · 희생 · 협동성

한 손은 나를 위해
다른 한 손은 남을 돕는 데 사용하라.

기억하라.
만약 도움을 주는 손이 필요하다면
너의 팔 끝에 있는 손을 이용하면 된다.
네가 더 나이가 들면 왜 손이
두 개인지 깨닫게 될 것이다.
한 손은 너 자신을 돕는 손이고
다른 한 손은 다른 사람을 돕는 손이다.

−오드리 햅번−

봉사·희생·협동성

봉사는 남을 위해 헌신할 수 있는 마음을 의미하며 인간애를 기반으로 하는 자발적인 정신을 바탕으로 이루어집니다. 희생은 자기의 이익보다 상대방이나 사회·국가의 이익을 우선시하며, 양보할 줄 알고, 베푸는 생활을 실천하는 생활태도와 자세를 의미합니다. 또한 삶의 가치를 구현하기 위하여 자발적으로 협동하고 실천하는 능력이 필요합니다.

생활 속에서 작은 봉사활동을 해 봄으로써 더 넓은 봉사를 할 수 있으며, 이러한 봉사와 희생, 협동성을 통하여 자신의 가치와 의미를 더욱 찾을 수 있습니다. 본질적으로는 협동을 통한 봉사 활동을 통하여 삶의 보람과 기쁨을 느낄 수 있습니다.

> 9차시 활동 함께해요!
> 1. Proverb Top Five
> 2. 가족을 위한 나의 역할
> 3. 변화를 위한 나의 다짐

성실, 박애, 봉사 정신을 바탕으로 한 자아실현과 사회기여를 실천하기 위해 우리가 살아가고 있는 광의적이고 협의적인 문화를 알아보고, 공동체 안에서 합리적인 의사결정 방법과 양보와 베푸는 생활을 통해 실천하는 태도를 기를 수 있습니다.

1. 생각의 힘

1. *Reading Article*

배려하는 마음

어르신이 연신 수건으로 땀을 닦아 내면서도 쉬지 않고 나무를 심으셨다. 지나가던 나그네는 궁금해서 어르신께 여쭈어보았다.

"어르신, 그 나무에서 언제 열매를 거둘 수 있다고 그렇게 열심히 심으십니까?"

"한 70년은 지난 뒤에야 결실을 볼 수 있을 것이오."

나그네는 고개를 갸우뚱거리며

"그토록 열심히 나무를 심으시는 이유가 있으십니까?" 하고 물었다.

어르신은,

"내가 태어날 때 많은 과일나무가 있었다오. 그 과일나무들 덕분에 나는 많은 과일을 먹을 수 있었소. 나 역시 이렇게 나무를 심어놓으면 다음 사람들이 맛있게 먹게 될 것이 아니겠소." 하시며 웃어 보이셨다.

— 탈무드—

2. 문장 완성 분석

활동방법

[봉사 · 희생 · 협동성] 관련 주요 용어에 대한 미완성 문장을 완성하도록 하여, 문장에 나타난 감정적 색채나 문장의 맥락을 통해서 내면탐색 및 갈등을 이해하는 시간을 갖습니다.

[일러두기] 다음에 기술된 문장은 뒷부분이 빠져 있습니다. 각 문장을 읽으면서 맨 먼저 떠오르는 생각을 뒷부분에 기록하여 문장을 완성해 주십시오. 시간제한은 없으나 가능한 한 빠르고 솔직하게 작성하여 주세요.

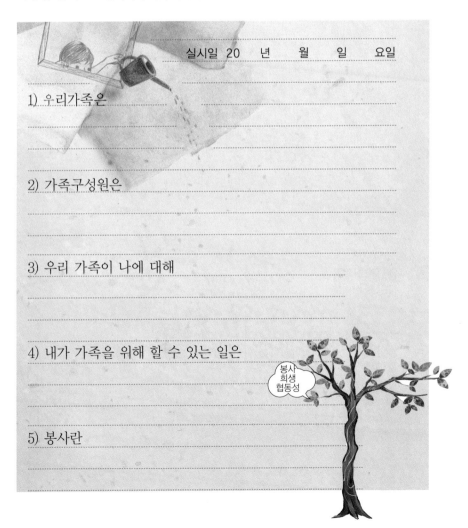

실시일 20   년   월   일   요일

1) 우리가족은

2) 가족구성원은

3) 우리 가족이 나에 대해

4) 내가 가족을 위해 할 수 있는 일은

봉사
희생
협동성

5) 봉사란

2. 배움의 힘

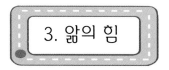

3. 앎의 힘

1. Proverb Top Five

활동방법

[봉사 · 희생 · 협동성]과 관련 있는 격언 5가지 이상 기록해 보세요.
  격언: 오랜 역사적 생활 체험을 통하여 이루어진 인생에 대한 교훈이나 경계
  따위를 간결하게 표현하는 짧은 글

1. _____

2. _____

3. _____

4. _____

5. _____

2. 가족을 위한 나의 역할

활동방법

① 구성원으로서 해야 하는 역할에는 어떤 것들이 있는지 기록해 보고 이야기 나눠 보세요.
② 일상생활 목록을 피자조각에 기록해 보고 조각별로 차지하는 정도를 알아보세요.

1. 집에서 맡은 역할이나 돕고 있는 집안일은 무엇인가요?

2. 집에서 해야 하는 일 중에서 좋아하는 일은 무엇인가요?

3. 집에서 해야 하는 일 중에서 싫어하는 일은 무엇인가요?

4. 집에서 가장 많은 일을 하는 사람은 누구인가요?

5. 가장 많은 일을 하는 가족구성원을 어떻게 도울 수 있을까요?

6. 내 남은 삶을 정리할 시간이 일주일 밖에 없다면 남은 가족에게 남기고 갈 수 있는 어떤 것을 기록해 보세요.

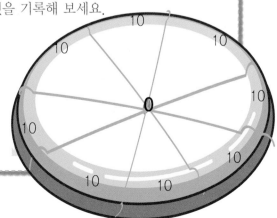

9
차시

봉사
·
희생
·
협동성

3. 변화를 위한 나의 다짐

활동방법

가정, 학교 등에서 내가 할 수 있는 일을 구체적으로 정해서 기록해 보세요.

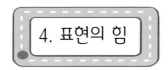

4. 표현의 힘

활동방법

① 자신을 적극적으로 표현할 수 있도록 연습의 시간을 가져 보세요.
② 멘토가 되어준 사람은 [70자 이내]로 피드백을 기록해 주세요.

선택	멘토 성명	
☐	언어적 요소 (스토리텔링, 메시지의 명확성, 자신감과 확신 등)	

선택	멘토 성명	
☐	음성적 요소 (말의 속도, 목소리 톤 발음, 발성, 자연스러움 등)	

선택	멘토 성명	
☐	신체적 요소 (표정, 제스처, 걸음걸이, 자세, 시선처리, 당당함 등)	

연꽃
(꽃말: 소원해진 사랑)

10차시

성실 · 책임감

참고 또 참기

참을 수 있거든 참고 또 참으며
경계할 수 있거든 경계하고 또 경계하라.
참지도 못하고 경계하지도 못하면
조그마한 일이 크게 된다.

–명심보감–

10
차시

성실
·
책임감

성실·책임감

성실은 정성스럽고 참된 생활태도, 즉 거짓이 없는 생활태도를 의미합니다. 책임감이란 개인이나 조직이 자기가 한 일이나 산출에 대해 기꺼이 책임을 지고 입증되거나 알게 된 과오를 수정할 수 있는 정도를 뜻합니다. 성실성과 책임감 있는 사람은 스스로에게 자존감을 느끼며 동시에 자기가 타인에게도 가치 있는 인간이라고 느낄 수 있도록 행동합니다. 이들은 다른 사람들의 욕구 충족 능력을 빼앗지 않고 자신의 욕구를 충족시킬 수 있는 사람입니다

10차시 활동 함께해요!
  1. 일일스케줄
  2. 지금까지의 나
  3. 파레토 법칙

생활 속에서 성실함의 의미와 책임감의 중요성에 대해 알고, '일'의 참 의미를 통해 책임감을 기를 수 있습니다.

1. 생각의 힘

1. *Reading Article*

오늘만은 이렇게 살자

1. 오늘만은 행복하게 지내자. 진정한 행복은 내부에 존재한다. 그것은 외부에서 오지 않는다.

2. 오늘만은 몸을 조심하라. 적당히 운동을 하고 영양을 섭취하라. 몸을 혹사시키거나 함부로 하지 마라. 그러면 몸은 내 명령에 따르는 완전한 일체가 될 것이다.

3. 오늘만은 내 마음대로 강하게 하라. 자기에게 이로운 것을 배워라. 정신적인 게으름뱅이가 되지 마라. 노력과 집중력을 길러주는 책을 읽어라.

4. 오늘만은 유쾌한 태도를 취하라. 되도록 기력이 왕성한 모습을 하고, 어울리는 옷을 입고, 조용히 말하고, 예의 바르게 행동하고, 아낌없이 남을 칭찬하라. 그리고 남을 비판하지 말며 그 어떤 약점도 지적하지 말고, 남을 훈계하거나 경고하지도 마라.

5. 오늘만은 30분 동안 혼자서 조용히 쉴 수 있는 시간을 가져라. 그리하면 자신의 인생에 대한 올바른 인식을 할 수 있을 것이다.

― 시빌 F. 패트릭―

2. 문장 완성 분석

활동방법

[성실 · 책임감] 관련 주요 용어에 대한 미완성 문장을 완성하도록 하여, 문장에 나타난 감정적 색채나 문장의 맥락을 통해서 내면탐색 및 갈등을 이해하는 시간을 갖습니다.

[일러두기] 다음에 기술된 문장은 뒷부분이 빠져 있습니다. 각 문장을 읽으면서 맨 먼저 떠오르는 생각을 뒷부분에 기록하여 문장을 완성해 주십시오. 시간제한은 없으나 가능한 한 빠르고 솔직하게 작성하여 주세요.

실시일 20   년   월   일   요일

1) 오늘만은 ....

....

2) 오늘만은 ....

....

3) 오늘만은 ....

....

4) 오늘만은 ....

....

5) 오늘만은 ....

성실
책임감

2. 배움의 힘

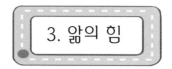

1. 일일 스케줄

활동방법

① 지난 일주일 동안 나는 어떤 시간들을 보냈나요? 떠올려보며 기록해 보세요.
② 버렸다고 생각한 시간은 없는지, 시간을 효율적으로 사용한 방법을 이야기해 보세요.

시간 \ 월일	/ (월)	/ (화)	/ (수)	/ (목)	/ (금)	/ (토)	/ (일)
06:00~ 07:00							
07:00~ 08:00							
08:00~ 09:00							

시간							
23:00~ 24:00							
24:00~ 01:00							
01:00~ 02:00							

2. 지금까지의 나

활동방법

① 이력서를 작성해 보세요.
② 이력서에 들어가야 할 항목, 포함되지 않아도 되는 항목이 있는지 살펴보고,
　그 이유를 이야기해 보세요.

이 력 서

성　명		한자		미혼	기혼	사진
주민번호						
희망직종						
주　소						
E-mail						
종　교		취미		특기		

학력 및 경력사항

	기간	학교명	전공	학위
학력				

	기간	근무처	직위	직무
경력사항				

	종류 및 등급	취득년월	발행일
자격·면허			

3. 파레토 법칙

이탈리아의 유명한 경제학자인 파레토는 때때로 양적으로 작은 항목들의
가치가 다른 큰 항목들의 가치보다 훨씬 중요하다는 사실을 알아냈습니다.
그는 이러한 현상을 20%의 항목으로 80%의 가치를 창출해 내는 것이라고
했습니다.

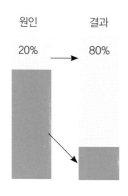

내가 받는 우편물의 20퍼센트가 80퍼센트의 만족감을 준다.
나머지 80퍼센트의 우편물은 쓸모없는 것이다.

활동방법

파레토 법칙의 예를 찾아 적어 보세요.

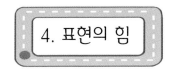

4. 표현의 힘

활동방법

① 자신을 적극적으로 표현할 수 있도록 연습의 시간을 가져 보세요.
② 멘토가 되어준 사람은 [70자 이내]로 피드백을 기록해 주세요.

선택	멘토 성명	
☐	언어적 요소 (스토리텔링, 메시지의 명확성, 자신감과 확신 등)	

선택	멘토 성명	
☐	음성적 요소 (말의 속도, 목소리 톤 발음, 발성, 자연스러움 등)	

선택	멘토 성명	
☐	신체적 요소 (표정, 제스처, 걸음걸이, 자세, 시선처리, 당당함 등)	

수선화
(꽃말: 자기애, 자만심, 어리석음))

인간관계

위대함도 초라함도 내 생각이 만드는 것이다.

다른 사람을 대할 때는
그 사람이 스스로 초라하다고
느끼지 않게 해야 하며,
자신을 대할 때도
자신이 초라하다고 느끼지 않게 해야 한다.

−테레사 수녀−

인간관계

인간은 사회적 존재로 인간과 인간, 또는 인간과 집단과의 관계를 통해서 살고 있습니다. 매순간 집단 속에 있는 구성원들과 상호작용을 통해서 영향을 주고받으며 심리적 관계를 가지게 됩니다. 나와 너, 우리는 관계를 맺지 않고는 살아갈 수 없고, 모든 과정과 결과는 관계 속에서 나온다는 사실을 온전히 이해할 수 있어야 합니다.

자신이 평소 가까이 지내는 가족과 지인들 그리고 그 외의 다양한 관계망을 살펴보는 것이 필요합니다. 또한 그 관계망 속에서 나타나는 나의 관계 맺기 습관과 패턴 속에 존재하는 의사소통을 방해하는 요인들을 점검하는 것이 필요합니다.

> 11차시 활동 함께해요!
> 1. 나의 인맥지도
> 2. 관계형성을 위한 효과적인 의사소통
> 3. 감사쿠폰

아름다운 인간관계를 맺기 위해서 어떤 자세와 태도가 필요한지 깨달을 수 있는 생활 속에서의 연습이 필요합니다. 맺어진 관계를 원만하게 유지하는 능력 증진을 위한 연습도 필요합니다.

1. 생각의 힘

1. *Reading Article*

누구를 만나든

언제나 내가 누구를 만나든
자신을 가장 낮은 존재로 여기며,
마음 속 깊은 곳으로부터
그들을 더 나은 자로 받들게 하소서.

그늘진 마음과 고통에 억눌린
버림받는 외로운 자들을 볼 때,
나는 마치 금은보화를 발견한 듯이
그들을 소중히 여기게 하소서.

누군가 시기하는 마음 때문에
나를 욕하고 비난하며 부당하게 대할 때
나는 스스로 패배를 떠맡으며
승리는 그들의 것이 되게 하소서

— 티벳—

2. 문장 완성 분석

활동방법

[인간관계] 관련 주요 용어에 대한 미완성 문장을 완성하도록 하여, 문장에 나타난 감정적 색채나 문장의 맥락을 통해서 내면탐색 및 갈등을 이해하는 시간을 갖습니다.

[일러두기] 다음에 기술된 문장은 뒷부분이 빠져 있습니다. 각 문장을 읽으면서 맨 먼저 떠오르는 생각을 뒷부분에 기록하여 문장을 완성해 주십시오. 시간제한은 없으나 가능한 한 빠르고 솔직하게 작성하여 주세요.

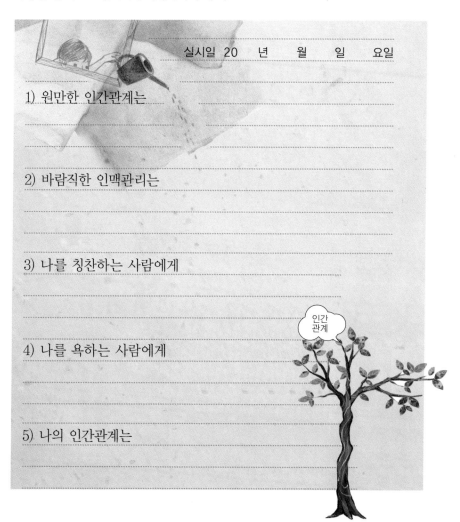

실시일 20   년   월   일   요일

1) 원만한 인간관계는

2) 바람직한 인맥관리는

3) 나를 칭찬하는 사람에게

4) 나를 욕하는 사람에게

5) 나의 인간관계는

2. 배움의 힘

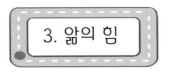

1. 나의 인맥지도

활동방법

나를 둘러싼 인간관계를 떠올려보고, 관계망을 자유롭게 기록해 보세요. (가능한 한 빠짐없이)

2. 관계형성을 위한 효과적인 의사소통

활동방법

소통 대상을 떠올려 보고, 소통 시에 어떠한 강점을 발휘하고, 보완할 부분은 무엇인지 기록해 보세요.

의사소통 시 강점

의사소통 시 보완할 점

3. 감사 쿠폰

활동방법

① "인연은 만들어 가는 것"이라고 하지요? 실천 가능한 감사쿠폰을 만들어 보세요.
(쿠폰 사용기간: 일주일 이내)
② 전하고 싶은 상대방에게 쿠폰을 보내 주세요.
③ 일주일 이내에 쿠폰발행한 대상에게 실천해 보세요.

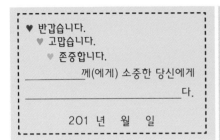
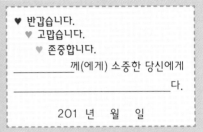

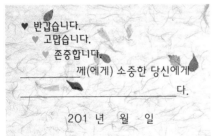
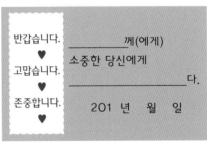

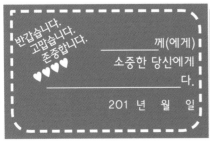
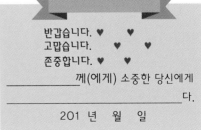

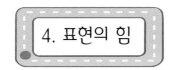

4. 표현의 힘

활동방법

① 자신을 적극적으로 표현할 수 있도록 연습의 시간을 가져 보세요.
② 멘토가 되어준 사람은 [70자 이내]로 피드백을 기록해 주세요.

선택	멘토 성명	
☐	언어적 요소 (스토리텔링, 메시지의 명확성, 자신감과 확신 등)	

선택	멘토 성명	
☐	음성적 요소 (말의 속도, 목소리 톤 발음, 발성, 자연스러움 등)	

선택	멘토 성명	
☐	신체적 요소 (표정, 제스처, 걸음걸이, 자세, 시선처리, 당당함 등)	

11차시

인간관계

12차시

문제해결력 · 탐구력

비범한 사람들의 특징

비범한 사람들은
첫째, 경험한 크고 작은 사건들을 자신의 삶에
반영하는 능력이 다른 사람에 비해 뛰어나다.
둘째, 자신의 강점을 인식하고 개발하는
능력이 뛰어나다.
셋째, 때때로 실패를 경험하지만 포기하지 않고,
역경에서 무언가를 배우고자 하며,
패배를 기회로 전환하는 특징이 있다.

－하워드가드너－

문제해결력 · 탐구력

개인이나 조직의 문제 해결, 학문을 통한 진리 추구 등을 위해 깊이 파고들어 연구하고 탐구하는 능력을 문제해결력·탐구력이라고 합니다. 소소하게 일어나는 다양한 상황에서 그때그때 해결되어 가는 일련의 과정에서의 역량을 의미합니다. 우리는 때때로 당면한 문제의 원인을 정확히 파악하여 해결하는 과정에서 최선의 방법을 선택하였으나 그 방법이 오류를 범할 수도 있고, 기대이상으로 긍정의 결과를 가져올 수도 있습니다.

새로운 통찰력을 발휘하게 되는 다양한 상황에서 중요한 기회를 얻을 수도 있기에 사건이 발생되었을 때 무조건 타인에게 도움을 요청하고 의지하기 보다는, 스스로 고민하는 시간을 갖고 집중해서 생각하고, 행동으로 실천해 보는 부단한 노력과 과정이 필요합니다.

12차시 활동 함께해요!
1. Best 해결안
2. 생각 바꾸기
3. 스트라디바리우스 바이올린

수시로 일어나는 문제 상황에 대한 원인과 대안의 범위, 규칙성을 살펴 봄으로써 실전에 유용하게 활용할 수 있는 능력을 기를 수 있습니다.

1. 생각의 힘

1. *Reading Article*

문제를 명쾌하게 해결하는 7가지

1. 어떤 문제라도 반드시 해결될 수 있다는 굳은 신념을 가져라.

2. 고요한 마음으로 묵상하며 최대한 평안한 마음을 가져라.

3. 무리하게 문제를 해결하려고 하지 마라. 순리를 따라 차근차근 해결하라. 문제 뒤엔 항상 답이 있는 법이다.

4. 주관적인 편견을 버리고 한 발 떨어져서 객관적으로 문제점을 바라보라. 처음엔 희미하나 또렷하게 보이게 될 것이다.

5. 문제점을 메모지에 하나씩 적어 보라. 그리하면 좀 더 생각이 분명하게 될 것이다.

6. 낯선 곳으로 여행을 하라. 새롭게 기분을 전환시키는 것도 문제점을 해결하는 좋은 방법이다.

7. 현실에서 피하지 말고 적극적으로 대응하는 자세를 가져라. 적극적이고 능동적인 자세야말로 문제 해결에 최정점이 될 것이다.

— 노만 V. 피일 —

12
차시

문제
해결력
·
탐구
력

2. 문장 완성 분석

활동방법

[문제해결력 · 탐구력] 관련 주요 용어에 대한 미완성 문장을 완성하도록 하여, 문장에 나타난 감정적 색채나 문장의 맥락을 통해서 내면탐색 및 갈등을 이해하는 시간을 갖습니다.

[일러두기] 다음에 기술된 문장은 뒷부분이 빠져 있습니다. 각 문장을 읽으면서 맨 먼저 떠오르는 생각을 뒷부분에 기록하여 문장을 완성해 주십시오. 시간제한은 없으나 가능한 한 빠르고 솔직하게 작성하여 주세요.

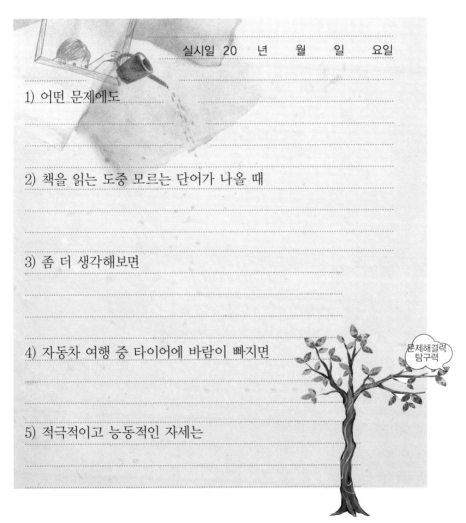

실시일 20   년   월   일   요일

1) 어떤 문제에도

2) 책을 읽는 도중 모르는 단어가 나올 때

3) 좀 더 생각해보면

4) 자동차 여행 중 타이어에 바람이 빠지면

5) 적극적이고 능동적인 자세는

문제해결력 탐구력

2. 배움의 힘

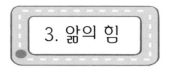

1. Best 해결안

활동방법

① 앞으로 일어날 수 있거나, 경험했던 문제를 기록해 보세요.
② 문제가 일어난 원인과 해결안을 가능한 한 여러 개 생각해 보세요.
③ 스스로 실천 가능한 최적의 해결안을 생각해 보고 기록해 보세요.

문제	원인	해결안	해결안(최적)
1.			
2.			
3.			

2. 생각 바꾸기

활동방법

최근에 경험한 상황을 기록해 보고, 그때 받았던 느낌과 신체적으로 느낄 수 있었던
반응을 기록해 보세요.

상 황	
느 낌	
내가 한 행동 (문제가 된)	
신체적 반응	
내가 한 생각 (진짜 속마음)	
생각 바꾸기 (만일...)	

3. 스트라디바리우스 바이올린

활동방법

① 제시된 글을 읽고 내가 가진 훌륭한 보석에 대해 1가지 이상 떠올려 보세요.
② 내가 가진 훌륭한 보석을 표현해 보세요. (자유)
③ 문제를 해결하는 과정에서 나만의 보석을 어떻게 활용한 적이 있었는지 이야기 나눠 보세요.

바람이 몹시 세찬 겨울 날 한 걸인이 런던 교외에 있는 작은 악기점으로 낡은 바이올린을 들고 들어왔습니다.
"저는 지금 몹시 배가 고픕니다. 제발 이 바이올린을 사주세요."
하고 사정을 하는 것이었습니다.
그래서 악기점 주인은 그에게 5달러를 주고 그 바이올린을 샀답니다.
걸인은 매우 흡족해하며 돌아갔습니다.
걸인이 돌아간 후 악기점 주인은 그 낡은 바이올린을 튕겨 보고 훌륭한 소리에 깜짝 놀랐습니다.
불을 밝히고 그 속을 들여다보았더니 그 속에는 놀랍게도
'안토니오 스트라디바리우스 1704년'이라는 표가 적혀 있는
것이었습니다. 바로 그것이 100여 년 동안 행방을 모르던 유명한
스트라디바리우스였습니다.
걸인은 값비싼 악기를 가지고 있었지만 그 가치를 몰랐습니다.

내가 가진 훌륭한 보석을 발견하고 기록해 보세요

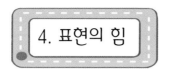

4. 표현의 힘

활동방법

① 자신을 적극적으로 표현할 수 있도록 연습의 시간을 가져 보세요.
② 멘토가 되어준 사람은 [70자 이내]로 피드백을 기록해 주세요.

선택	멘토 성명	
☐	언어적 요소 (스토리텔링, 메시지의 명확성, 자신감과 확신 등)	

선택	멘토 성명	
☐	음성적 요소 (말의 속도, 목소리 톤 발음, 발성, 자연스러움 등)	

선택	멘토 성명	
☐	신체적 요소 (표정, 제스처, 걸음걸이, 자세, 시선처리, 당당함 등)	

도라지꽃
(꽃말: 따뜻한 애정)

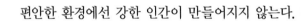

직업윤리

편안한 환경에선 강한 인간이 만들어지지 않는다.

쉽고 편안한 환경에서는
강한 인간이 만들어지지 않는다.

시련과 고통의 경험을 통해서만
강한 영혼이 탄생하고,
통찰력이 생기고,
일에 대한 영감이 떠오르며
마침내 성공할 수 있다.

−헬렌 켈러−

직업윤리

세 명만 함께 있어도 그 중에 스승이 있다고 한 것과 같이, 스승은 어디에나 있을 수 있는 소중한 존재입니다. 교육활동에 헌신적으로 봉사하도록 부름을 받은 실천 현장가들은 교직이라는 직업의 본질에 대한 관점을 바르게 이해하는 일이 필요합니다. 직업윤리적 측면에서 자기계발과 연구활동을 꾸준히 하는 것은 스스로에게 동기를 부여하고 스스로를 자극하게 되어 적극적으로 자신의 환경을 주도하는 능력을 갖추는 데 힘이 되어 줍니다.

개인 및 조직의 목표 달성을 효과적으로 이루기 위해서도, 직업윤리 의식은 매우 중요하므로, 개인과 조직의 사명을 성취하기 위한 올바른 직업윤리 의식을 갖추는 것은 필수입니다.

> 13차시 활동 함께해요!
> 1. 직업탐험_직업흥미(적성)검사
> 2. 직업에 영향을 미치는 요소
> 3. 동반자를 찾습니다.

스스로 하고 싶은 일과, 할 수 있는 일들에 대한 진로탐색과 적성을 점검하고, 타인에게 보여지는 그럴 듯한 삶이 아닌 자신이 주도하는 삶을 만들어가기 위한 직업관을 점검하고 확인하는 활동이 필요합니다. 직업현장에서 예기치 않게 일어나는 깊고 다양한 위기를 기회로 전환하는 능력을 기를 수 있습니다.

1. 생각의 힘

1. *Reading Article*

경험은 소중하다

나는 내 힘으로 도저히 극복할 수 없을 것 같은 어려움에 부딪힐 때면 종종 애벌레와 나비를 생각한다. 애벌레가 고치를 뚫고 나오는 데는 엄청난 노력이 뒤따른다.

그러나 살아남기 위해서는 피할 수 없는 절차다. 우리의 삶도 마찬가지이다. 힘들고 어렵다고 피하려고만 하면 결과적으로 이익은커녕 손해만 보게 된다. 진정한 자아를 탄생시킬 수 없음은 말할 것도 없다.

온 몸이 부서질 듯한 고통을 인내하며 최선을 다하는 과정에서 얻어지는 내적 성장은 목적지로 우리를 도달하게 하는 강한 추진력이 된다.

나비가 혼자 힘으로 고치를 벗고 나오지 못해 다른 누군가의 도움을 받는다면 하늘을 나는 데 필요한 힘을 기를 수 없다. 날개를 활짝 펴고 멋지게 탈바꿈하기 위해서는 혼자만의 힘든 시기를 거쳐야만 하는 것이다.

— 바바라 골든—

2. 문장 완성 분석

활동방법

[직업윤리] 관련 주요 용어에 대한 미완성 문장을 완성하도록 하여, 문장에 나타난 감정적 색채나 문장의 맥락을 통해서 내면탐색 및 갈등을 이해하는 시간을 갖습니다.

[일러두기] 다음에 기술된 문장은 뒷부분이 빠져 있습니다. 각 문장을 읽으면서 맨 먼저 떠오르는 생각을 뒷부분에 기록하여 문장을 완성해 주십시오. 시간제한은 없으나 가능한 한 빠르고 솔직하게 작성하여 주세요.

실시일 20   년   월   일   요일

1) 나에게 직업

2) 교사

3) 나의 고객

4) 나에게 스승

5) 직업윤리

2. 배움의 힘

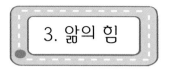

1. 직업탐험–직업흥미(적성)검사

활동방법

성격 흥미를 알아보기 위한 것으로 자신의 성격과 잘 맞는다고 생각하는 형용사에
체크(V)해 주세요.

번호	R	체크	번호	I	체크	번호	A	체크
1	강건한		1	비판적인		1	창의적인	
2	순응하는		2	호기심이 많은		2	비우호적인	
3	물질주의적인		3	창의적인		3	정서적인	
4	완고한		4	독립적인		4	표현적인	
5	실제적인		5	지적인		5	비현실적인	
6	현실적인		6	논리적인		6	독립적인	
7	엄격한		7	수학적인		7	혁신적인	
8	안정적인		8	방법적인		8	통찰력 있는	
9	무뚝뚝한		9	합리적인		9	자유분방한	
10	검소한		10	과학적인		10	예민한	
	개 수:			개 수:			개 수:	

번호	S	체크	번호	E	체크	번호	C	체크
1	수용하는		1	야망 있는		1	조직화된	
2	배려하는		2	분명한		2	책임질 수 있는	
3	공감적인		3	자기주장적인		3	효율적인	
4	우호적인		4	확신하는		4	질서정연한	
5	도움을 주는		5	결정을 잘하는		5	순응하는	
6	친절한		6	지배적인		6	실제적인	
7	설득적인		7	열성적인		7	정확한	
8	책임질 수 있는		8	영향력 있는		8	체계적인	
9	가르치는		9	설득적인		9	보수적인	
10	이해하는		10	생산적인		10	잘 통제된	
	개 수:			개 수:			개 수:	

도전할 자격증을 적어 보세요!

2. 직업에 영향을 미치는 요소

활동방법

① 직업 선택에 영향을 미치는 요소에 대해 생각해 보세요.
② 자신이 희망하는 직업에서의 직업윤리를 기록해 보세요.

(1) 적성
남보다 노력을 적게 하고도 잘할 수 있는 일을 말하며 어느 정도 선천적으로 타고 나는 요인으로 소질을 말한다. 직업선택을 하는 데 중요한 요인이고, 잠재적인 성공 가능성의 예언변인이 된다.

(2) 흥미
개인이 어떤 일이나 활동에 대해 호의적, 수용적인 관심과 태도를 갖는 것으로 선택한 직업에 적응 및 성공도 등에 영향을 미치는 요인이다.

(3) 지적 능력
개인은 자신이 지니고 있는 지적 능력의 수준에 따라 목적을 향해 행동하고 자신에게 주어진 환경을 효과적으로 다루게 된다.

(4) 직업윤리

희망(선호) 직업:

희망(선호) 직업에서 필요한 직업윤리:

3. 동반자를 찾습니다

활동방법

① 내가 원하는 동반자(배우자)의 기준을 정하고 구체적으로 기록해 보세요.
② 동반자(배우자)를 만나기 위해 어떠한 과정이 요구되는지 시나리오를
　작성해 보세요.

나	동반자(배우자)
직업: 신체조건: 종교: 학력: 경제능력: 성격: 취미: 기타:	직업: 신체조건: 종교: 학력: 경제능력: 성격: 취미: 기타:
시나리오	

활동방법

③ 시나리오가 완성되면 지인에게 동반자(배우자) 시나리오를 읽어주고 평가를 받아
　보세요.

평가자	평가등급	이유
	☐우수 ☐보통 ☐미흡	
	☐우수 ☐보통 ☐미흡	
	☐우수 ☐보통 ☐미흡	

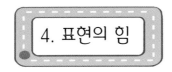

4. 표현의 힘

활동방법

① 자신을 적극적으로 표현할 수 있도록 연습의 시간을 가져 보세요.
② 멘토가 되어준 사람은 [70자 이내]로 피드백을 기록해 주세요.

선택	멘토 성명	
☐	언어적 요소 (스토리텔링, 메시지의 명확성, 자신감과 확신 등)	

선택	멘토 성명	
☐	음성적 요소 (말의 속도, 목소리 톤 발음, 발성, 자연스러움 등)	

선택	멘토 성명	
☐	신체적 요소 (표정, 제스처, 걸음걸이, 자세, 시선처리, 당당함 등)	

아카시아
(꽃말: 우정)

14차시

창의 · 응용력

측정하는 방법

성공은 그 사람이 현재 오른 위치로
평가되는 것이 아니라
성공을 위해 노력하는 동안
얼마나 많은 장애물을
극복했는가로 평가된다.

-부커 T. 워싱턴-

14
차시

창의
·
응용력

창의·응용력

요즘 시대는 창의·응용력이 뛰어난 사람이 필요한 경우가 많습니다. 새로운 생각이나 아이디어를 기반으로 의견을 제시하고, 새롭고 독창적인 그 의견이 사회·문화 속에서 그 가치를 인정받고, 현실적으로 적용 가능할 때 비로소 창의적이라고 인정받을 수 있습니다. 창의적이라는 것은 사실 지루하고 반복적인 어떠한 사고나 행동에서 부단한 노력을 통해서 나온 산물입니다. 따라서 일상생활에서 끊임없이 확산적으로 사고할 수 있는 다양한 기회를 만드는 일이 중요합니다. 알고 있고, 경험한 것들을 서로 융합하여 새로운 결과물을 만드는 응용력도 현실생활에서 빈번히 일어납니다. 무에서 유를 창조하는 것도 있지만, 현실적으로는 유에서 새로운 유를 만드는 경우가 훨씬 더 많습니다.

14차시 활동 함께해요!
1. 당신의 아이디어, 훌륭합니다!
2. 나만의 창업아이템
3. 창업성공을 위한 10계명

자신만의 창의·응용력에 대한 사고를 정리해 보고, 스스로 속해 있는 학교나 조직 구성원의 입장에서 확산적 사고의 기회를 가져봄으로써 변화하는 사회에 잘 적응하는 사고능력을 키울 수 있습니다.

1. 생각의 힘

1. *Reading Article*

경험은 소중하다

아무리 독창적인 것을 꿈꾸더라도
언제나 똑같은 꿈을 그보다 먼저 꿨던 사람들이 있다.

그리고 그들이 남긴 자취는
산을 오르는 사람들의 발걸음을 가볍게 해 준다.

적절한 자리에 설치된 로프나
사람들의 발자국으로 다져진 오솔길
길을 가로막는 나뭇가지들을 쳐내고
앞서간 사람들의 흔적 덕분에 산에 오르는 길은
한결 수월해진다.

산을 오르는 사람들은 우리 자신이며,
그 경험에 대한 책임을 지는 것 역시 우리 자신이다.

따라서 언제나 우리는 타인의 경험으로부터
도움을 받는다는 것을 기억해야 한다.

― 파울로 코엘료 ―

2. 문장 완성 분석

활동방법

[창의 · 응용력] 관련 주요 용어에 대한 미완성 문장을 완성하도록 하여, 문장에 나타난 감정적 색채나 문장의 맥락을 통해서 내면탐색 및 갈등을 이해하는 시간을 갖습니다.

[일러두기] 다음에 기술된 문장은 뒷부분이 빠져 있습니다. 각 문장을 읽으면서 맨 먼저 떠오르는 생각을 뒷부분에 기록하여 문장을 완성해 주십시오. 시간제한은 없으나 가능한 한 빠르고 솔직하게 작성하여 주세요.

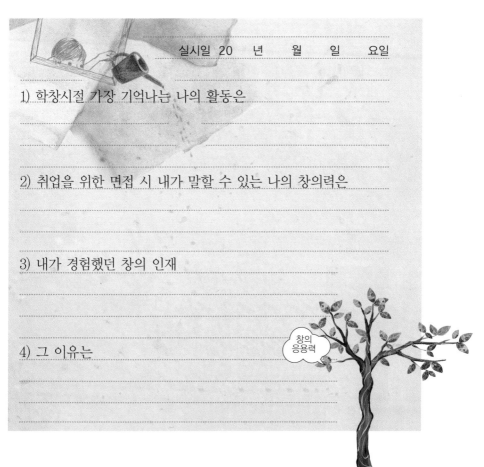

실시일 20   년   월   일   요일

1) 학창시절 가장 기억나는 나의 활동은

2) 취업을 위한 면접 시 내가 말할 수 있는 나의 창의력은

3) 내가 경험했던 창의 인재

4) 그 이유는

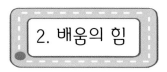

2. 배움의 힘

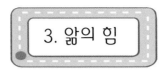

1. 당신의 아이디어, 훌륭합니다!

활동방법

① 가정, 학교(반, 과) 발전을 위한 아이디어를 자유롭게 계획해 보세요.
② 아이디어를 공유해 보고 조언을 들어 보세요.

14
차시

창의 · 응용력

2. 나만의 창업아이템

활동방법

① [1인 기업]의 시대! 평소 관심 있었던 분야를 떠올려보고 자신만의 창업 아이템을 기록해 보세요.
② 창업 아이템을 공유해 보고 조언을 들어 보세요.

사 업 자 등 록 증

(   )

법인명(단체명):

대 표 자:

개업년월일: 법인등록번호:

사업장 소재지:

사업의 종류: 업태   종목

발급사유:

사업자 단위 과시 적용사업자 여부: 여(   ) 부(   )

전자세금계산서 전용 전자우편주소: ht7465@hometax.go.kr

20   년   월   일

세무처장

3. 창업성공을 위한 10계명

활동방법

① 창업성공을 위한 자신만의 원칙을 만들어 보세요.
　 [창업자금 계획 – 창업투자금 유치 – 재무관리 – 폐업 후 처리]

1.

2.

3.

4.

5.

6.

7.

8.

9.

10.

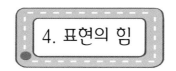

4. 표현의 힘

활동방법

① 자신을 적극적으로 표현할 수 있도록 연습의 시간을 가져 보세요.
② 멘토가 되어준 사람은 [70자 이내]로 피드백을 기록해 주세요.

선택	멘토 성명	
☐	언어적 요소 (스토리텔링, 메시지의 명확성, 자신감과 확신 등)	

선택	멘토 성명	
☐	음성적 요소 (말의 속도, 목소리 톤 발음, 발성, 자연스러움 등)	

선택	멘토 성명	
☐	신체적 요소 (표정, 제스처, 걸음걸이, 자세, 시선처리, 당당함 등)	

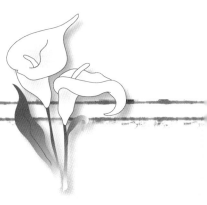

칼라
(꽃말: 열정, 청정)

열정

15차시

일 속에서 행복을 찾다.

나는 성공한 비결이 무엇이냐는
질문을 종종 받는다.
내 대답은 의외로 간단하다.
나는 내가 하는 일을 정말로 좋아한다!
아무런 대가를 받지 않아도
즐겁게 일할 수 있을 정도로
당신이 정말로 하고 싶은 일을 찾아라.
그 후엔 당신에게 즐거운 마음으로
대가를 지불하고 싶을 만큼 그 일을 잘 해내라.

–존 맥스웰–

열정

어떤 일에 열렬한 애정을 가지고 열중하는 마음을 의미합니다. 열정적인 사람은 자기발전을 위해 스스로 반성하고 평가하며, 다른 사람의 충고 또한 잘 받아들여 자신을 내·외적으로 성장시켜 나갑니다. 열정적인 마음으로 자신의 목표를 위해 시간과 노력을 기울일 뿐 아니라, 좋아하는 대상이나 활동을 향한 높은 수준의 노력을 꾸준히 합니다. 열정이 있어야 실패를 딛고 한 단계 더 나아가며, 진취적인 마음으로 도전할 수 있습니다. 평소에 호기심을 가지고 관찰하며, 열정을 쏟을 수 있는 무언가를 발견하는 훈련을 해야 합니다.

15차시 활동 함께해요!
  1. 자투리 시간 활용하기
  2. 버리는 삶, 노력하는 삶, 발견하는 삶
  3. 그대 꿈 이룬 어느 멋진 날

자신 스스로의 강점을 찾아 동기를 얻고, 실천을 통하여 삶을 정리해 봅니다. 최선을 다하여 일하며 사랑을 쏟을 수 있는 열정을 발견해 보는 능력을 기를 수 있습니다.

1. 생각의 힘

1. *Reading Article*

원하는 대로 생각하면 생각하는 대로 된다

생각은 우주에서 가장 힘이 세다.

친절한 생각을 하라. 그러면 친절해진다.

행복한 생각을 하라. 그러면 행복해진다.

성공을 생각하라. 그러면 성공한다.

훌륭한 생각을 하라. 그러면 훌륭해진다.

건강을 생각하라. 그러면 건강해진다.

당신은 당신이 생각하는 그것이 된다.

― 클레멘트 스톤―

2. 문장 완성 분석

활동방법

[열정] 관련 주요 용어에 대한 미완성 문장을 완성하도록 하여, 문장에 나타난 감정적 색채나 문장의 맥락을 통해서 내면탐색 및 갈등을 이해하는 시간을 갖습니다.

[일러두기] 다음에 기술된 문장은 뒷부분이 빠져 있습니다. 각 문장을 읽으면서 맨 먼저 떠오르는 생각을 뒷부분에 기록하여 문장을 완성해 주십시오. 시간제한은 없으나 가능한 한 빠르고 솔직하게 작성하여 주세요.

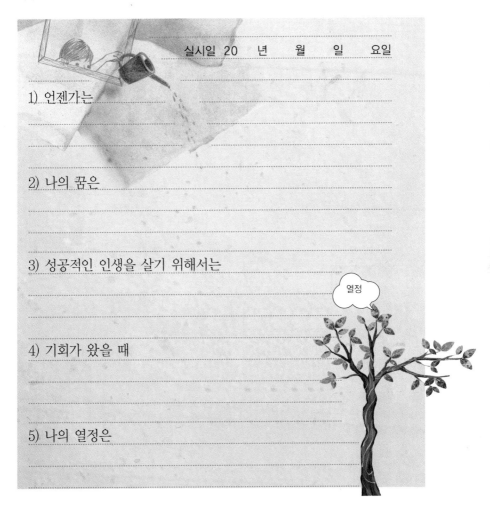

실시일 20   년   월   일   요일

1) 언젠가는

2) 나의 꿈은

3) 성공적인 인생을 살기 위해서는

열정

4) 기회가 왔을 때

5) 나의 열정은

2. 배움의 힘

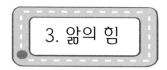

1. 자투리 시간 활용하기

활동방법

① 자투리 시간에 할 수 있는 일들을 기록해 보세요.
② 자투리 시간 목록을 작성해 보세요.
③ 땅: 열매를 맺는 동안 고착되어진 나의 습관을 기록해 보세요.

〈자투리 시간 목록〉

자투리 시간 목록	할 일	장소
(분)		
(분)		
(분)		
(분)		
(분)		

2. 버리는 삶, 노력하는 삶, 채우는 삶

활동방법

① 풍차: 꿈을 실현하기 위한 구체적으로 노력해야 할 것을 기록해 보세요.
② 땅: 꿈 실현을 위한 수행과정에서 고쳐야 할 습관, 태도, 사고 등을 기록해 보세요.
③ 잎: 문제에 직면했을 때마다 힘이 되어 줄 자신만의 강점(잎)을 기록해 보세요.

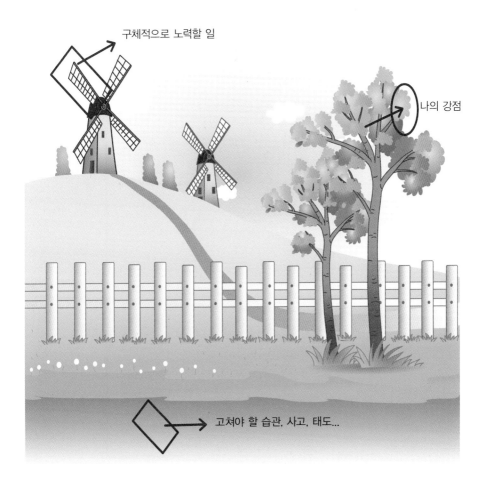

구체적으로 노력할 일

나의 강점

고쳐야 할 습관, 사고, 태도...

3. 그대 꿈 이룬 어느 멋진 날

활동방법

① 우리가 알고 있는 명함에는 어떤 내용이 들어가 있는지 이야기해 보세요.
② 미래의 나는 어떤 직업을 갖고 있을지 생각해 보고, 나의 명함에 꼭 넣고 싶은
   것을 구상하여 꾸며 보세요. 나의 직업관이 담긴 문구도 함께 적어 보세요.

명함에 들어갈 내용:

〈나의 명함〉

🎨 창지사 　　편집부/부장 　홍 길 동

[08589] 서울시 금천구 가산디지털로 파트너스 빌딩 203호
Tel (02) 719-2211　　　　　Fax 02) 701-9386
C.P. 010-3669-3887
E-mail ipullips@hanmail.net

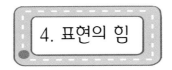

4. 표현의 힘

활동방법

① 자신을 적극적으로 표현할 수 있도록 연습의 시간을 가져 보세요.
② 멘토가 되어준 사람은 [70자 이내]로 피드백을 기록해 주세요.

선택	멘토 성명	
☐	언어적 요소 (스토리텔링, 메시지의 명확성, 자신감과 확신 등)	

선택	멘토 성명	
☐	음성적 요소 (말의 속도, 목소리 톤 발음, 발성, 자연스러움 등)	

선택	멘토 성명	
☐	신체적 요소 (표정, 제스처, 걸음걸이, 자세, 시선처리, 당당함 등)	

성격유형검사 결과

검사해석일	년 월 일 요일			
담당전문가 (MBTI 일반강사)				
성격유형 검사결과	유형	원점수	선호지표	선호분명도 범주
	E			□ 약간 □ 보통 □ 분명 □ 매우 분명
	I			□ 약간 □ 보통 □ 분명 □ 매우 분명
	S			□ 약간 □ 보통 □ 분명 □ 매우 분명
	N			□ 약간 □ 보통 □ 분명 □ 매우 분명
	T			□ 약간 □ 보통 □ 분명 □ 매우 분명
	F			□ 약간 □ 보통 □ 분명 □ 매우 분명
	J			□ 약간 □ 보통 □ 분명 □ 매우 분명
	P			□ 약간 □ 보통 □ 분명 □ 매우 분명
성명				
과, 학년	과: 학년: 반:			
해석 후 생각 & 느낌 & 기록해 두고 싶은 이야기				

* 목적에 맞는 심리검사를 실시하고 나면 반드시 전문가의 도움으로 해석을 받아야 합니다.[어세스타]

유형	특징		
ISTJ	일반적인 특징	현실적이고 실제적이다. 계획적이고 규칙적인 일정을 좋아한다. 책임감이 있고 신뢰를 준다. 열심히 일하는 것을 즐긴다. 강한 의무감을 가지고 있다. 근면하고 성실하다. 세부적인 사실에 주의를 기울인다. 경험에 의존한다. 철저하게 일한다. 다른 사람이 규칙을 따르기를 기대한다. 보편적으로 조용하다.	
	친구관계	몇몇의 절친한 친구를 신중하게 선택한다. 자신의 감정을 거의 나타내지 않고, 감정을 토론하는 것보다 관심과 기대를 공유하는 것에 근거를 둔다. 매주 영화를 보러 가는 것과 같이 친구와의 일상적인 친밀한 관계를 좋아한다. 믿음직해서 종종 임원을 맡는다. 약속을 귀중하게 여기고 다른 사람도 똑같이 하기를 기대한다.	
	교실적용	학습이 잘 이루어지는 경우	조직적이고 단계별 수업이 이루어질 때 실제적인 과목을 공부할 때 명확한 기대와 정확한 지시, 분명한 목표가 있는 체계적인 환경에서 공부할 수 있을 때 혼자 공부할 때
		학습이 잘 이루어지지 않는 경우	개방된 과제 단체 활동 정해진 순서를 바꾸는 뜻밖의 사건
	교실환경	가능한 정돈된 곳 교실이 기능적이고 깨끗하고 깔끔한 곳 조용히 혼자 일할 수 있는 곳	
	정적 강화	일의 결과에 대해 인정받기를 좋아한다. 감사장, 우수상과 같은 교육적인 보상을 좋아한다	
	가능한 직업	법, 회계, 부동산, 엔지니어링, 법 시행, 군복무 혹은 공무원 등과 같은 직업을 선택할 수 있다	
	잠재적 위험 및 대처 방안	세부적인 것에 집중하고 전체적인 개념을 놓친다. 다소 강박적이다. 편히 쉬는 것이 필요하며 일을 쉽게 할 필요가 있다.	

유형	특징		
ISFJ	일반적인 특징		다른 사람에게 관심이 많고, 조화를 추구한다. 세부적인 것에 주의를 기울인다. 실제적이고 현실적이다. 구체적 사실에 대한 풍부한 기억을 한다. 조용한 편이다. 다른 사람을 돕기 좋아한다. 규칙적이고, 근면 성실하다. 열심히 일한다.
	친구관계		몇몇의 가까운 친구와 소통하는 경향이 있고, 절친한 친구와 마음나누기를 좋아한다. 전통적인 가치를 지지하는 경향이 있고 이러한 가치를 공유하는 친구를 더욱 좋아한다. 친구와의 약속을 소중하게 여긴다. 갈등에 불편해하고 일반적으로 갈등을 피한다. 조용하며 겸손하고 다른 사람을 위해 많은 일을 하지만 겸손함이 오히려 충분한 칭찬을 받지 못할 때가 많다. 공동체나 종교적인 단체 안에서 열심히 일하지만 대체로 공식적인 역할을 원하지 않는다.
	교실적용	학습이 잘 이루어지는 경우	조직적이고 단계별 수업이 이루어질 때 실제적인 과목을 공부할 때 사람과 관련된 주제를 공부할 때 규칙이 강조되고 질서 있는 환경에 놓여질 때
		학습이 잘 이루어지지 않는 경우	즐겁지 않고 갈등 발생적 분위기 학생에게 관심이 없어 보이는 교사나 질서가 없는 교실
	교실환경		좋은 학습도구와 재료가 있는 곳 혼자 일하거나 작은 집단이 있는 곳
	정적 강화		완성된 연구과제와 일의 능력에 대해서 칭찬 받기를 즐긴다. 개인적인 관심을 가져주고 자신의 이름을 불러주며 교실에서의 특별한 일을 주는 교사에 대해 잘 응한다.
	가능한 직업		의료, 교직, 회계, 공무원, 종교적 교육, 사무직과 같은 직업을 선택할 수 있다.
	잠재적 위험 및 대처 방안		다른 사람의 문제로 자신의 일을 방해 받을 수 있다. 자신이 한 일에 대해 칭찬을 받지 못한다.

유형			특징
INFJ		일반적인 특징	자신의 개인적인 발달에 관심이 많다. 열심히 일하고 책임감이 있다. 혼자 있는 시간을 찾는다. 다른 사람의 가능성에 대해 관심이 많다. 이론과 추상을 즐긴다. 언어에 대한 재능을 가지고 있다. 다른 사람과의 화합을 추구한다. 문제에 대한 조화로운 해결책 찾기. 타인의 욕구와 관심을 이해한다.
		친구관계	사람에게 관심이 많지만, 몇몇의 절친한 친구를 가지기를 좋아한다. 가까운 친구와 자신의 감정을 공유하며 자신과 다른 사람을 이해하려고 노력한다. 친구에게 성실할 수 있지만 애정표현을 하지는 않는다. 일반적으로 관계에서 조화를 추구하고 다른 사람과 잘 어울리려고 노력하며 자신의 가치대로 살려고 노력한다. 비경쟁적인 게임과 활동을 좋아하며, 속해 있는 단체에서 겸손하게 일하기를 좋아한다
	교실적용	학습이 잘 이루어지는 경우	자신의 관심을 찾는 자유가 허락될 때 특별한 관심을 보이는 교사와 함께할 때 연구할 때 읽거나 다른 혼자만의 일을 할 때
		학습이 잘 이루어지지 않는 경우	사람을 비웃거나 남을 헐뜯는 분위기 성실해 보이지 않는 교사
		교실환경	편안한 공간 조용한 분위기의 도서관 같은 공간
		정적 강화	성실함, 개인적인 성숙과 발달, 그리고 다른 사람의 개인적인 자질에 대해 칭찬하는 것을 좋아한다. 이름이 불리어지는 것과 교사가 과제에 칭찬을 써 주는 것을 가치 있게 여긴다.
		가능한 직업	목사, 상담, 대학에서 가르치기, 의료, 심리학 혹은 사교적인 일을 선택할 수 있다.
		잠재적 위험 및 대처 방안	만약 교사가 관심 없으면 회피한다. 교사가 다른 학생을 불친절하게 대하면 회피한다.

유형	특징		
INTJ	일반적인 특징		능력과 계속적인 개선을 가치 있게 여긴다. 창조적이다. 많은 가능성을 보인다. 책임감이 있다. 단호하다. 계획적이고 독립적이다. 창의적인 생각을 가지고 있다. 분석적이고 논리적이다. 열심히 일한다. 이론을 즐긴다.
	친구관계		가까운 친구 몇 명만을 가지고 있는 경향이 있다. 친구와 생각을 토론하거나 관심을 나누는 것을 즐기며, 이러한 우정은 오랫동안 유지될 수 있다. 다른 사람의 흥미와는 다른 특별한 흥미를 가지고 있는 경향이 있다. 다른 사람과의 공통점이 거의 없고 많은 사교적인 일이 의미 없다고 생각할 수 있다. 대부분의 학생이 활력 넘치는 단합대회와 같은 행사를 즐기는 것을 이해하지 못할 수 있다. 자신의 흥미나 기술을 개발시키는 데 도움이 되는 조직에 가입하고자 한다.
	교실적용	학습이 잘 이루어지는 경우	자신의 흥미를 추구할 수 있을 때 혼자 일할 때 지적인 도전을 받을 때 읽기와 생각할 충분한 시간이 주어질 때
		학습이 잘 이루어지지 않는 경우	기억하기, 반복, 판에 박힌 일 비논리적이고 생각이 경직된 교사 자신보다도 덜 지적으로 보이는 교사
	교실환경		교실 안에 이용할 수 있는 책이 많은 곳 일할 재료와 도구가 있는 곳 간섭하지 않고 방해 받지 않는 혼자만의 공간
	정적 강화		독창적이고 영리하며 창의적인 것에 대해서 칭찬받기를 좋아한다. 자신이 존경하는 사람의 칭찬만 받아들이는 편이다. 다른 학생과 비교되는 것에 관심이 없고, 별, 스티커 등의 공식적인 보상수단이 의미가 없다.
	가능한 직업		과학, 연구, 대학에서 가르치기, 법과 관련된 일을 선택할 수 있다.
	잠재적 위험 및 대처 방안		하나의 생각에 집착함으로써, 다른 대안을 고려하지 않는다.

유형			특징
ISTP		일반적인 특징	분명하고 정확한 사실에 가치를 두며, 실제적이다. 느긋하며, 고독을 즐긴다. 주변의 환경을 아주 주의 깊게 관찰한다. 손을 이용해서 일하고 만드는 것을 즐긴다. 운동경기를 즐긴다. 음악과 같은 연주활동을 즐긴다. 사실에 대한 우수한 기억력을 가지고 있다. 관습을 따르지 않는다. 자료를 조직화 하는 데 관심을 둔다.
		친구관계	관심을 나눌 수 있는 가까운 친구 몇 명만을 사귀는 경향이 있다. 감정을 나누고 이야기하는 것보다 일하는 것에 더욱 관심이 많다. 따라서 한두 명의 친구와 함께 활동하는 데 시간을 보내며 모험을 추구한다. 사회적 관습에 의해 특별히 구속 받지 않으며 엄격한 규칙과 의무가 있는 관계나 조직을 피한다.
	교실적용	학습이 잘 이루어지는 경우	직접적인 활동, 실험, 게임을 통하여 학습할 때 실제적인 과목을 공부할 때 논리와 관련된 주제를 공부할 때 혼자 일할 때
		학습이 잘 이루어지지 않는 경우	융통성이 없는 규칙실용적인 응용을 할 수 없는 주제나 과제 대집단 활동
		교실환경	혼자 일할 수 있는 공간 원 재료와 좋은 질의 도구가 있는 곳
		정적 강화	자신이 생각하기에 쓸모 있고 흥미 있는 것이라면 열심히 하는 경향이 있다. 일을 하는 방법에 대해서 인정받기를 원하며 품위와 스타일을 개선시키기를 원한다.
		가능한 직업	응급의료, 미술이나 공작, 운동경기, 연주 혹은 사실이나 통계와 관련된 일을 선택할 수 있다.
		잠재적 위험 및 대처 방안	흥미 있어 하는 교과목에만 마음을 쓴다. 감사와 긍정적인 피드백을 하는 것을 어려워한다.

유형	특징		
ISFP	일반적인 특징		식물과 동물이 있는 자연세계와 조화를 이룬다. 조용하고 상냥하며 친절하다. 다른 사람을 기쁘게 하려고 노력한다. 온화하고 공손한 상호작용을 한다. 실용적이고 현실적이다. 자유를 추구한다. 갈등을 싫어한다. 여유가 있다. 공감적, 반응적이다. 협조적이다
	친구관계		몇 명의 좋은 친구와 함께하기를 즐긴다. 친구를 아주 사랑하며 성실하다. 친구를 위해서 일하기를 좋아하고 작은 애정표현을 많이 한다. 자발적인 모임과 소풍을 즐기며 그런 모임을 생각하고 있는 사람이 있을 때 함께 하기를 좋아한다. 자유를 추구하고 규칙과 의무가 많이 있는 조직에는 가입하지 않는다. 자신의 흥미를 개발하기 원하며 남이 함께하든, 하지 않든 자신이 좋아하는 방법으로 시간을 보내는 것을 선택한다.
	교실적용	학습이 잘 이루어지는 경우	사람과 관련된 주제를 공부할 때 실제적인 과목을 공부할 때 직접적인 활동과 연구 과제를 할 때
		학습이 잘 이루어지지 않는 경우	지나치게 구조화된 것처럼 보이는 환경 따분하다고 생각하는 일상적인 일
	교실환경		관찰적이고 감각을 자극하는 풍부한 환경 식물이나 동물이 있는 환경
	정적 강화		칭찬과 이름을 불러주는 것을 가치 있게 생각하며, 자신의 품위와 스타일에 대해 칭찬 받기를 좋아한다. 비평을 받는 것은 아주 개인적으로 마음 상하게 할 수 있다.
	가능한 직업		건강관리, 상담, 교직, 사서, 식물 혹은 동물과 함께 시간을 보낼 수 있는 직업을 선택할 수 있다.
	잠재적 위험 및 대처 방안		경쟁적이거나 긴장이 있는 분위기에서 학습에 어려움을 느낀다.

유형		특징	
INFP	일반적인 특징	자신의 개인적인 발달에 관심이 많다.	
		다른 사람에게 관심이 많다.	
		호기심이 강하고, 창조적이다.	
		재치 있고 동정적이다.	
		갈등을 불편해한다.	
		자신을 위하여 학습하기를 좋아한다.	
		이상적이고, 가능성에 비중을 둔다.	
		좋은 언어 기술을 가지고 있다.	
		일반적으로 잘 참고, 적응적이다.	
		절친한 친구에게만 마음을 내 보인다.	
	친구관계	사람을 좋아하지만 몇 명의 친구만을 가지고 있는 경향이 있다. 이러한 친구와 마음을 나누기를 좋아하고 자신과 다른 사람을 더욱 잘 이해하기를 원한다.	
		관계는 가장 기본적인 학습 수단이다.	
		불성실함을 빨리 찾아내며 윤리적인 문제에 관심을 가진 친구를 좋아한다.	
		비경쟁적인 게임을 좋아하며 그와 일치하는 목표를 가진 조직에 가입하지만 대체로 지도자가 되는 것을 좋아하지 않는다.	
	교실 적용	학습이 잘 이루어지는 경우	자신의 흥미를 추구할 수 있을 때
			혼자 일할 때
			사람의 개인적인 생활과 관련된 주제를 공부할 때
		학습이 잘 이루어지지 않는 경우	암기와 판에 박힌 일 개인적으로 그에게 관심을 기울이지 않는 교사
			긴장, 갈등, 경쟁으로 가득한 분위기
	교실환경	방해 받지 않고 혼자 일할 공간	
		다소 정돈되어 있지 않은 공간	
	정적 강화	교사와 집단에 있어서 그가 소중한 존재라는 것을 알기를 원한다.	
		칭찬은 그에게 가장 의미 있는 것이다	
	가능한 직업	목사, 교직, 심리학, 의료 혹은 예술과 같은 직업을 종종 선택할 수 있다.	
	잠재적 위험 및 대처 방안	가치 없다고 생각하는 주제에 대해서 열심히 하지 않는다.	
		해야 할 일이 있을 때 연기한다.	

유형			특징
INTP	일반적인 특징		호기심이 강하다.
			논리적이고 분석적이다.
			반영적, 적응적이다.
			관념과 이론에 관심이 많다.
			창조적이다.
			조직화된 아이디어에 관심이 있다.
			자신을 위하여 학습을 즐긴다.
			독립적이다.
			정확한 것을 원한다.
			진실 추구에 관심이 많다.
	친구관계		친한 친구 몇 명만을 가지고 있는 경향이 있다.
			친구와 자신의 생각이나 관심을 함께 나누며 한 주제를 가지고 몇 시간을 토론하고 보낼 수 있다.
			전문적인 문제에 대하여 활기 있고 비인격적인 논쟁을 즐긴다.
			대부분의 사람과의 공통점이 많지 않고 보통의 사교적인 일들이 지루하게 느껴질 수 있다.
	교실적용	학습이 잘 이루어지는 경우	혼자 일할 때
			이론과 개념을 공부할 때
			지적인 동료로서 학생을 대하는 교사를 만날 때
		학습이 잘 이루어지지 않는 경우	학생을 존중하지 않는 교사와 함께하는 공간
	교실환경		자신의 생각을 개발시킬 수 있는 자원이 있는 공간
			다양한 주제에 대한 책이 있는 공간
			컴퓨터가 있고 혼자 일할 공간
	정적 강화		자신의 통찰력, 논리적 분석, 한 문제를 모든 측면에서 볼 수 있는 능력에 대하여 인정받기를 원한다.
			자신의 아이디어의 자질과 진실을 추구하는 노력에 대해 칭찬 받기를 좋아한다.
	가능한 직업		가르치기, 법, 엔지니어링, 연구 분야의 직업을 선택할 수 있다.
	잠재적 위험 및 대처 방안		관계를 더욱 원활하게 하는 데 도움을 주는 사교적인 모임을 무시한다.
			한 가지 일을 마치기 전에 새로운 계획을 시작한다.

유형	특징		
ESTP	일반적인 특징		충동에 의한 행동에 자유롭다. 자유를 즐긴다. 호탕하고 느긋하다. 많은 활동에 참여하는 것을 즐긴다. 실제적이고 직접 경험해 보는 활동을 즐긴다. 생각하고 있는 것을 직선적으로 다른 사람에게 말한다. 문제가 발생했을 때 쉽게 사태를 수습할 수 있다. 계획이 실패했을 때 새로운 계획을 생각해 낼 수 있다.
	친구관계		다방면의 친구가 많다. 모든 일에 웃음과 재미를 더하고 유머로써 다른 사람을 즐겁게 할 수 있다. 자신과 친구를 위해서 즐길 수 있는 활동에 흥미를 가진다
	교실적용	학습이 잘 이루어지는 경우	실제적인 과목을 공부할 때 단체 활동을 할 때 즉각적인 보상이 있는 활동을 할 때
		학습이 잘 이루어지지 않는 경우	엄격한 것으로 인식되는 환경 장기간의 연구과제 혹은 장기간의 보상
	교실환경		풍부한 원재료와 도구가 있는 공간 특별한 에너지와 자유를 느낄 수 있는 공간
	정적 강화		자신의 재능을 다른 사람이 평가해 주기를 바란다. 만약 과제를 끝낸 후 활동을 선택할 수 있도록 허락받는다면 매력적이지 않은 과제를 하는 데 동기유발이 될 수 있다
	가능한 직업		연예인이나 건설. 혹은 육체적인 노동과 관련된 직업. 대외적인 서비스 혹은 조정이나 협상과 같은 직업을 선택할 수 있다.
	잠재적 위험 및 대처 방안		직선적인 솔직한 논평으로 인해 다른 사람을 멀리하게 한다. 세부적인 것에 초점을 두고 전체적인 개념을 놓친다.

유형	특징		
ESFP	일반적인 특징		다른 사람에게 관심이 많다. 모든 순간을 즐기며, 직접적인 활동을 즐긴다. 적응을 잘하며 뜻밖의 상황처리에 능숙하다. 실제적인 일에 관심을 가진다. 농담과 위트로 다른 사람을 즐겁게 한다. 다른 사람을 돕기 좋아한다.
	친구관계		일반적으로 매력적이며 수용적이고 우호적이다. 대부분의 시간을 친구와 함께 보낸다. 재미있는 활동을 제안하기를 좋아하고 자발적인 모임, 게임, 그리고 흥미진진한 모험에 참여하기를 좋아한다. 자유로운 것을 좋아하며 많은 의무가 포함된 조직이나 관계에는 관심이 없다
	교실적용	학습이 잘 이루어지는 경우	자신에 대해 관심을 가지고 있는 교사를 만날 때 실험을 하거나 직접 관찰할 수 있는 일을 할 때 다른 사람과 함께 일할 때
		학습이 잘 이루어지지 않는 경우	앉아 있는 학습환경이 긴 경우 융통성이 없는 규칙을 강요 받을 때
	교실환경		움직여 다닐 수 있는 공간 여유 있는 공간
	정적 강화		교사가 자신에게 관심을 가지기를 원한다. 교사와 상호작용하는 것과 칭찬 받는 것을 중요하게 생각한다. 특별한 스타일과 세련미에 대해 칭찬 받기를 좋아하며 사교적인 기술을 인정받기를 좋아한다. 즉각적인 보상은 이 학생에게 가장 효과적인 방법이며 끝마친 일에 대한 자연스러운 보상으로서의 제스처를 잘 받아들인다.
	가능한 직업		예술가, 정치인, 응급 의료, 판매, 조정, 혹은 어린이와 함께 일하는 직업을 선택할 수 있다
	잠재적 위험 및 대처 방안		학문적인 교과보다는 특별 활동에 더 많은 시간을 보낸다.

유형			특징
ENFP	일반적인 특징		아이디어에 흥미가 있다. 매우 창조적이다. 다른 사람에게 관심이 많다. 다른 사람을 기쁘게 하려고 하고, 돕기를 원한다. 삶에 대해 긍정적, 낙천적, 열정적이다. 새로운 것을 탐구하고, 고안, 시도하기를 좋아한다. 상상적이고, 개성이 강하다. 자기 자신을 위하여 배우는 데 관심이 많다 어떤 장애도 극복될 수 있다는 믿음이 있다. 사람의 잠재력에 초점을 둔다.
	친구관계		사람에게 관심이 많으며 일반적으로 많은 친구를 가지고 있다. 친구를 만나는 기쁨을 표시하며 감정이 넘친다. 다른 사람과 자신의 감정을 나눌 때 쉽게 마음을 나누며 듣는다. 관심 있어 하는 것에 대해 아주 열정을 보이고 종종 다른 사람에게 참가하도록 영향을 미친다.
	교실적용	학습이 잘 이루어지는 경우	상상력을 이용한 활동을 할 때 그에게 개인적인 관심을 가지고 있는 교사와 함께할 때
		학습이 잘 이루어지지 않는 경우	경쟁, 갈등 혹은 적대감의 분위기 비판하거나 무관심해하는 교사와 함께 할 때 일상적인 과제, 기억, 훈련 많은 규칙이 있는 환경
	교실환경		많은 종류의 책과 시청각적 장치가 있는 공간 순간의 주의를 끌 수 있는 공간 이야기할 장소 혹은 함께 일할 친구가 있는 공간
	정적 강화		독특함, 창조성, 성격, 감정이입 그리고 사람에 대한 관심에 대해 평가 받기를 좋아한다. 교사가 자신의 이름을 불러주고 교실에서 만날 때 개인적으로 인사하는 것을 좋아한다.
	가능한 직업		목사, 의료, 상담, 교직, 판매직 등의 직업을 선택할 수 있다.
	잠재적 위험 및 대처 방안		많은 일에 관련되어 있기 때문에 시작한 것을 끝내지 못한다. 연구 과제를 만족하지 못하고 세부적인 사항을 변화시켜서 늦게 끝난다.

유형		특징
ENTP	일반적인 특징	새로운 아이디어에 관심이 많다. 모든 일에 가능성을 보여줄 것이다. 논리적이고 분석적인 것에 흥미를 가진다. 자신을 위해서 배우기를 즐긴다. 적응적이고 참을성이 있다. 유능해지기를 원한다. 재치가 있고 분명하다. 자유와 자율을 추구한다.
	친구관계	주변의 일에 관심을 가지고 일반적으로 많은 활동에 참여한다. 친구가 많고 공통된 관심사를 토론하기를 즐긴다. 지적으로 자극을 주고 논쟁할 친구를 가지기를 원한다. 자신과 누군가의 이야기에서 최고가 되려고 노력한다. 다양한 종류의 취미와 여가 활동을 즐기며 모든 사람이 만족하는 활동을 친구와 함께한다. 인생을 즐기기 위한 재능을 가지고 있고 함께 하는 순간 사람을 편안하게 한다.
	교실적용 · 학습이 잘 이루어지는 경우	토론, 논쟁 그리고 분석할 때 자신의 관심을 추구하도록 허용될 때 새로운 아이디어와 다른 혁신적인 생각을 해낼 수 있을 때 다른 사람과 경쟁을 하고 단체 활동을 할 때
	교실적용 · 학습이 잘 이루어지지 않는 경우	융통성이 없는 규칙이 있는 분위기 논리적으로 보이지 않는 상황 감정에 초점을 둔 과제 존경하지 않는 교사와 함께할 때
	교실환경	융통성과 자율성이 주어지는 환경 생각을 자극하는 환경
	정적 강화	자신의 정직성, 새로운 통찰, 그리고 개혁에 대해 칭찬받기를 좋아한다. 자신이 존경하는 사람으로부터의 칭찬을 가장 잘 받아들인다.
	가능한 직업	법, 과학적인 연구, 마케팅, 방송저널리즘과 같은 직업을 선택할 수 있다.
	잠재적 위험 및 대처 방안	문제를 분석하는 데 너무 초점을 두어서 다른 사람의 생각을 고려하지 못한다. 규칙을 어겨서 신뢰를 잃게 한다.

유형	특징		
ESTJ	일반적인 특징		계획되고 조직화된 일과 활동을 좋아한다. 사교적이다. 약속을 잘 지키고 책임감이 있다. 자신이 생각하는 것, 옳고 나쁜 것을 남에게 정확하게 이야기한다. 사람과 일을 잘 조직하고 관리 하는 것을 즐긴다. 빠르고 논리적인 결정을 한다. 계획이나 일정들이 뜻하지 않게 변할 때 받아들이기 어렵다. 규칙, 객관적 표준과 규칙에 근거한 공정함을 원한다. 일이 진척되도록 추진하고, 순조롭게 효율적으로 일한다.
	친구관계		상냥한 태도와 농담 덕분에 친구들을 즐겁게 할 수 있다. 올바른 행동과 예의의 사회적인 기준을 준수하며 그렇지 않은 사람에 대해서 비판한다. 사람들과 일을 조직하는 것을 즐기고 경영자가 되기를 좋아한다. 열정적이고 목표 지향적이어서 사람들이 믿고 의지한다. 친구로서 수용 할 수 있는 사람과 없는 사람에 대한 분명한 생각을 가지고 있으며 친구에게 아주 성실하다.
	교실적용	학습이 잘 이루어지는 경우	조직적이고 순차적인 자료를 가질 때 단체 안에서 일할 때 분명하고 측정할 수 있는 목표의 일이 주어졌을 때 실제적인 적용이 되는 일이 주어졌을 때
		학습이 잘 이루어지지 않는 경우	과제가 애매한 것이나 실제적이지 않은 것 교사가 우유부단하고 예측할 수 없으며, 경솔하게 보일 때
	교실환경		단체 활동, 또래와 함께 이야기 할 공간 시청각적 자료를 포함한 감각을 자극하는 도구나 자료가 있는 공간
	정적 강화		착한 학생으로서 알려지기를 좋아하며 우수상을 포함한 교육적인 보상을 즐긴다. 교사와 학교 관리자가 자신의 노력을 존중하고, 업적을 인정해주는지 알고 싶어 한다. 공식적인 의식에서 주어진 보상은 특히 중요하다.
	가능한 직업		법, 영업, 공무원, 은행을 경영, 군인과 같은 직업을 선택할 수 있다.
	잠재적 위험 및 대처 방안		다른 사람에게 자신의 생각이나 규범을 강요하려고 한다. 비논리적으로 보이는 규칙이나 상황에 대해 논쟁 할 수 있으며, 먼저 충분한 정보의 수집 없이 너무 빨리 결정할 수 있다.

유형			특징
ESFJ	일반적인 특징		다른 사람에게 관심이 많은 편이다. 재치 있고, 동정적이며, 공감을 잘한다. 따뜻하며 우호적이다. 돕기를 좋아하고 다른 사람과 조화를 이룰 줄 안다. 다른 사람과 의사소통 하는 것을 즐겨한다. 자선을 위한 지역사회활동에 참여하는 것을 좋아한다. 칭찬에 반응을 잘한다. 갈등이 생기면 긴장하게 된다. 다른 사람을 즐겁게 하는 것을 좋아한다.
	친구관계		보편적으로 관계 지향적이며 가족이나 친구는 그에게 대단히 중요하다. 수다스러울 수도 있고 느끼는 것을 다른 사람에게 이야기 하기 좋아하고, 다른 사람이 무엇을 생각하는지 알려고 한다. 내적인 갈등을 고통스러워하며 확대될 수 있는 문제를 다루기를 회피하려고 한다. 갈등을 피하기 위해서 다른 사람의 의견을 따른다.
	교실적용	학습이 잘 이루어지는 경우	단체 연구 과제를 할 때 조직화되어 있고 연계적인 수업이 주어질 때 명확한 규칙과 분명한 기대가 있을 때
		학습이 잘 이루어지지 않는 경우	긴장, 갈등, 적대감의 분위기 애매하게 정의된 것과 실제적인 목적이 없는 것처럼 보이는 활동
	교실환경		교실이 산뜻하고 깨끗한 공간 친구와 함께 앉아 있을 수 있는 공간
	정적 강화		비판보다는 칭찬이 훨씬 효과적이다. 착한 학생으로서 칭찬 받기 좋아하며 일반적인 선행을 하려고 노력한다.
	가능한 직업		교직, 간호 혹은 다른 의료 분야, 판매, 심리학, 목사와 같은 직업을 선택할 수 있다.
	잠재적 위험 및 대처 방안		다른 사람에게 자신의 기대와 규범을 강요한다. 비판할 때 다른 사람에게 아주 상처가 되는 말을 한다

유형	특징		
ENFJ	일반적인 특징		다른 사람에게 관심이 많다. 다른 사람을 돌보는 것을 좋아하고, 동정, 재치가 있다. 표현적이고, 질서정연하고, 호의적이고, 양심적이다. 칭찬에 잘 반응을 한다. 조화 있는 관계를 원하고 갈등을 피하려고 한다. 책임감이 강하고 약속을 잘 지킨다. 다른 사람과의 의사소통을 즐긴다. 비평에 민감하고 미리 계획 세우기를 좋아한다. 활동적이고 에너지 넘치는 사회생활을 한다. 새로운 아이디어와 가능성에 관해 호기심이 많다.
	친구관계		사람과 함께 이야기하고, 다른 사람을 알게 되는 것을 좋아한다. 다른 사람을 위해서 쉽게 가장 최선의 도움을 줄 수 있다. 자신의 감정을 나누는 것을 편안하게 하며, 다른 사람의 마음을 끌어당길 수 있다. 불성실하거나 가식적인 사람과는 불편하게 생각하고, 다른 사람에게서 이러한 자질을 알아내는 데 뛰어난 비결을 가지고 있다. 지도자의 위치에 있기를 좋아하며, 사람의 다양한 특기를 이용함으로써 가치 있는 목표를 달성하는 것을 즐긴다.
	교실적용	학습이 잘 이루어지는 경우	교사에게 격려 받고 칭찬 받을 때 학습 능률이 오른다. 심리학, 역사학 혹은 문학과 같이 사람을 다루는 과목을 좋아한다. 수업 발표, 구두시험, 다른 공식적인 일을 좋아한다.
		학습이 잘 이루어지지 않는 경우	경쟁하는 것을 좋아하지 않는다. 상호작용할 기회가 없는 개별적인 일은 좋아하지 않는다
	교실환경		상호작용과 단체 활동을 하는 데 도움이 되는 교실 창조적이며 상상력에 자극을 주는 재료나 책이 있는 공간
	정적 강화		이 학생은 대명사로 '너'로 시작하는 칭찬을 특히 좋아하며 칭찬에 잘 반응하는 편이다. 일반적으로 충고는 긍정적인 태도 안에서 가장 잘 표현될 것이다. 자신에게 관심을 가지고 있는 대상과 이야기하는 것을 즐기며 매일 이름을 부르면서 인사하기를 좋아한다.
	가능한 직업		목사, 상담, 교직, 의료 혹은 마케팅과 같은 직업을 선택하는 데 도움이 될 수 있다.
	잠재적 위험 및 대처 방안		비평에 낙담을 하는 편이다. 갈등에 심한 불편함을 느끼기 때문에 주의를 필요로 하는 문제를 다루기를 회피하기도 한다.

유형	특징		
ENTJ	일반적인 특징		지도자가 되기를 좋아한다. 창조적이고 아이디어를 많이 가지고 있다. 객관적인 정보에 관심이 많고, 공정하고 정의롭다. 결정하는 데 어려움이 없다. 활력이 넘치는 토론을 즐긴다. 변화를 즐긴다. 이론을 실행에 옮기고, 아이디어를 행동화한다. 주변의 세계에 대해서 관심이 많다. 경쟁하는 것을 즐긴다. 많은 일과 활동에 적극적이다.
	친구관계		주변의 세계에 관심이 많고 다양한 활동에 참여하는 것을 즐겨한다. 다른 사람과 시간을 함께 보내기를 좋아하고, 공통된 관심거리에 대해 토론하기를 좋아한다. 경쟁을 즐기며 경쟁해서 이길 수 있는 팀과 집단에 참가한다. 개인적으로 갈등이나 논쟁을 하지는 않으며, 다른 사람이 기분 나빠 할 때 이해하지 못하는 경향이 있다.
	교실적용	학습이 잘 이루어지는 경우	경쟁, 논쟁, 토론과 관련된 활동에 참여하는 것이 좋다. 연구와 같은 활동을 하는 것을 좋아한다.
		학습이 잘 이루어지지 않는 경우	반복 혹은 훈련을 하는 것이 어렵다. 감정을 강조하는 과제를 하게 되는 경우에 어렵다. 잘 조직화되어 있지 않거나 시간낭비처럼 보이는 과외활동을 하는 것이 어렵다.
	교실환경		실험이나 연구과제에 적용할 수 있는 도구가 있는 공간 참고서적, 교육적 자료, 재료가 있는 공간
	정적 강화		자신이 유능하고 똑똑하며, 독창적이고 뛰어난 아이디어를 가지고 있다는 말을 듣기를 원한다. 지도자가 되려는 시도와 개선시키려는 노력에 대한 칭찬에 반응한다.
	가능한 직업		종종 법, 사업경영, 연구과제 관리, 엔지니어 혹은 컴퓨터 과학과 같은 기술적인 분야에서 경영하는 것을 선택할 수 있다.
	잠재적 위험 및 대처 방안		토론하고 논쟁하는 성향 때문에 사람의 마음을 상하게 할 수 있다.

성격유형검사 Q & A

Q1. 성격유형검사를 통해 알게 되는 정보는 무엇이 있나요?

일반적인 성격과 주요특성, 친구관계, 가정생활, 학급에 대한 태도, 교사와의 관계, 반 친구들과의 관계, 학습방법, 교수방법, 선호과목, 장래진로, 성장을 위한 기회를 제공 받을 수 있습니다.

Q2. 원하는 직업이 검사 결과에 나오지 않았는데 그 직업을 선택하면 안 되나요?

심리검사는 직업을 선택하는 데 참고할 수 있는 여러 가지 자료 중 하나입니다. 검사가 절대적인 기준이 될 수는 없습니다. 또한 수 만개의 다양한 직업들을 검사 결과에 모두 반영하기는 어렵습니다. 검사 결과에 제시되어 있는 직업은 개인의 특성에 맞는 대표적인 직업이므로 실제로는 더 많은 직업이 있습니다. 따라서 원하는 직업이 결과에 나오지 않았다고 실망할 필요는 없습니다. 우선은, 원하는 직업의 특성을 잘 살펴보고 그 직업이 가지고 있는 특성이 검사결과에서 나온 성격, 흥미, 적성과 잘 맞는지 살펴보세요.

Q3. 검사 결과 나온 직업이 마음에 들지 않습니다. 학생이 어떤 직업을 가져야 할지 가장 적합한 직업은 어떻게 알 수 있나요?

심리 검사 결과로 '가장' 적합한 직업을 '이거다' 하고 찍어줄 수는 없습니다. 검사는 직업선택에서 하나의 참고자료일 뿐입니다. 검사는 여러 직업 중 선택의 폭을 좁히거나 넓히는 데 활용할 수 있으므로 심리검사 이외에 진로결정에 도움이 되는 다양한 활동에 참여해보고 최종 진로를 탐색할 것을 권장합니다.

Q4. 성격유형은 시간이 지나면 변하나요?

사람은 내·외적으로 성장하는 일련의 과정 중에 있으므로, 검사결과는 시간이 지나면서 변화를 나타낼 수 있습니다. 그러므로 현재의 검사결과로 현재, 미래를 단정하는 것이 위험합니다. 성격유형검사의 결과가 달라지는 경우는 일반적으로 자신의 진정한 선호에 대해 정확하게 알지 못할 때 일 수 있고, 성격유형의 발달경로를 자연스럽게 밟아가는 중일 수 있습니다. 또한 선호유형과 반대되는 기능을 발달시키려고 노력중이거나, 선호유형과 반대되는 기능에 대해 관심을 갖기 시작하는 상황일 수도 있습니다. 개인별로 꾸준한 내·외적 성장으로 인해 관심분야에 대한 폭이 넓어지고, 전환의 시기가 있기에 성격과 적성은 변할 수 있습니다. 특히 아동 및 청소년들은 더더욱 그러할 수 있습니다. 개개인의 흥미나 성격, 관심사가 이전과 많이 변화되었다고 생각되어지면 이전 결과와 비교해보면서 전문가의 상담을 통해 탐색의 시간을 갖기를 권장합니다.

MBTI 일반강사: 김선중, 양은희, 전종희

심리검사에 대한 이해

	검사명	대상	내용
지능검사	K-WISC	만 6세 ~ 16세 11개월	- 일반적인 지능을 측정하기 위해 언어성 IQ 지수와 동작성 IQ 지수, 전체 IQ 지수를 측정합니다. - 객관적인 방법으로 지능 정도를 파악하며, 개인의 독특하고 대표적인 행동을 직접 관찰함으로써, 인격특성과 적응적, 부적응적 행동양상을 이해하는 데 도움이 됩니다. - 인지능력이 평균 이하로 추정되는 아동 및 신체적, 언어적, 감각적 제한이 있는 아동도 도움을 받을 수 있습니다.
	K-WAIS	16세 12개월 ~ 성인	- 일반적인 지능을 측정하기 위해 언어성 IQ 지수와 동작성 IQ 지수, 전체 IQ 지수를 측정합니다. - 객관적인 방법으로 지능 정도를 파악하며, 개인의 독특하고 대표적인 행동을 직접 관찰함으로써, 인격특성과 적응적, 부적응적 행동양상 이해하는 데 도움이 됩니다.
	K-ABC	2년 6개월~ 12년 6개월	- 16개의 하위검사로 구성되어 있으며, 인지처리 과정 이론에 근거하여 문제해결능력인 인지처리 지능과 후천적 학습에 의해 발달하는 습득도 지능을 구분하여 측정합니다. - 다양한 색채를 사용하고 게임의 성격을 도입하는 등의 특징을 지니고 있어 나이가 어린 아동, 주의가 산만한 아동, 기존의 지능검사로서는 실시하기 어려운 아동에게도 가능합니다. - 아동의 발달 수준에 따라 제시되는 검사문항이 달라 시간의 단축 및 지루함, 좌절감을 최소화합니다.
성격검사	MMTIC · MBTI [성격유형 검사]	초등학생 중학생 고등학생 성인	- 개인의 행동이 나름대로 일관성 있지만 타인의 행동과 차이를 보이는 것은, 외부에서 정보를 수집하여 행동 방식을 결정할 때 개인마다 선호하는 경향이 다르므로, 자신의 성격유형에 대한 이해와 타인을 이해하는 데 도움이 됩니다. - 성격유형검사를 통해 관계, 성격, 학습, 진로, 의사소통, 리더십 등에 대한 도움을 받을 수 있습니다.

	검사명	대상	내용
진로검사	Holland 진로탐색 [흥미] 검사	초등학생 중학생 고등학생	- 진로 의식, 진로발달 및 진로성숙의 정도를 측정합니다. - 진로방향성을 설정하기 위한 직업적 성격유형을 측정 a합니다. - 진학 및 직업선택을 위한 진로교육의 지침을 제공 합니다.
	Holland 진로적성 [능력] 검사	중학생 고등학생 대학생 성인	- 진학학교 선택, 전공 선택, 직업선택, 진로방향 및 생활방식을 알 수 있습니다. - 진로 유형과 전공학과, 직업, 현실적 제한을 고려한 의사결정을 통해 직업선택 시 활용할 수 있습니다. - 대학생의 전공만족도와 전과, 복수전공 및 부전공 등의 선택에 유용한 지침을 제공합니다.
학습검사	MLST [학습전략 검사]	초등학생 중학생 고등학생 대학생	- 학습전략을 성격적 차원, 정서적 차원, 동기적 차원, 행동적 차원으로 세분화시켜서 누락된 영역을 바로 알고, 보완할 수 있습니다. - 학업성취상의 문제 이해와 적응, 심리적 건강상 문제 가능성에 대한 선별을 할 수 있습니다. - 학습 효율성 감소 원인의 탐색을 통한 문제 개입에 대한 기준과 방향성을 제시합니다.
	[학습유형 검사]	초등학생 중학생 고등학생	- 학습과정에서 보일 수 있는 행동 및 태도, 성격 양식, 학습행동에 따른 진로 등을 측정합니다. - 공부 문제에 관해 고민하는 심리적인 변인과 성격적인 요인을 바탕으로 가장 적합한 학습 방법이 무엇인지 파악하게 됩니다.

	검사명	대상	내용
심리 및 정서 검사	MMPI [다면적 인성검사]	중학생 고등학생 대학생 성인	− 개인의 인성특징의 비정상성 혹은 징후를 평가하여 상담 및 정신치료에 기여하고, 비정상적이고 불건전한 방향으로 진전될 가능성을 미리 찾아내어 예방 및 지도책을 제시할 수 있습니다. − 취약성이 대인관계, 스트레스 상황 등 생활 전반에 대한 대처 방법에 나타나는 패턴을 인지하도록 돕습니다. − 경험하고 있는 심리적인 고통을 광범위하게 진단하고 예측할 수 있습니다. − 여러 가지 심리적 부적응과 이상 상태 파악, 그에 따른 부정적인 결과를 예방, 교정, 치료하는 데 도움이 됩니다.
	SCT [문장 완성검사]	초등학생 이상	− 미완성 문장을 완성하도록 구성된 검사로, 문장에 나타난 감정적 색채나 문장의 맥락을 통해서 피검자의 태도와 주의를 쏟고 있는 특정 대상이나 영역을 확인하여 성격이나, 무의식적 욕구, 갈등을 이해하는 데 유용합니다.
	HTP [집, 나무, 사람 검사]	모든 연령가능	− 집, 나무, 사람을 그려서 나타내는 형태를 해석하여 정보를 수집할 수 있는 투사적인 성격검사로, 무의식 중 자신의 감정과 욕구 표출 방법을 이해할 수 있습니다. − 최근의 심리상태, 언어로 표현되지 않는 성격, 성숙, 발달, 융통성 등의 통합 정도와 현실에 주어지는 문제 해결 능력, 환경과의 상호작용 정보를 파악하여 그에 맞게 대처하는 방법을 모색하는 데 도움이 됩니다.
	KFD [가족화 검사]	모든 연령가능	− 가족의 동적 모습을 통해 가족 내에서 느끼는 주관적 이고 심리적인 감정을 시각적으로 표출합니다. − 가족에 대한 지각, 가족원들의 상호작용 방식, 가족 간의 애착관계, 여러 가족원들에 대한 정서적 태도 등을 파악합니다.

참고문헌

고선미, 김정아, 류병진(2015). 현재인의 대인관계와 의사소통 액션북. 경기: 공동체
김명준, 윤은희(2009). 성격유형과 CEO 리더십 개발. 서울: 어세스타
김옥림(2015). 좋은글 다이제스트. 서울: 씽그북
김정운(2012). 노는만큼 성공한다. 서울: 21세기북스
김정택, 심혜숙(2013). 나의모습, 나의얼굴 II. 서울: 어세스타
김정택, 심혜숙(2015). 16가지 성격유형의 특성. 서울: 어세스타
김주미, 권종애(2014). 프로교사를 위한 이미지 메이킹. 서울: 창지사
김형환, 김승민(2014). 죽어도 사장님이 되어라. 서울: 엔타임
나승연(2012). 세계를 감동시킨 나승연의 프레젠테이션. 서울: 21세기북스
류시화(2009). 삶이 나에게 가르쳐 준 것들. 경기: 푸른숲
민병배, 유성진(2014). 성격장애의 인지치료. 서울: 학지사
박동석, 정지혜(2014). 이야기로 배우는 인성교과서. 서울: M&Kids
박수밀(2013). 연암 박지원의 글 짓는 법. 서울: 돌베개
신영복(2015). 담론. 서울: 돌베개
신영복(2015). 처음처럼. 서울: 알에이치코리아
제프리 페퍼, 로버트 I. 서튼, 안시열(2010). 생각의 속도로 실행하라. 서울: 지식노마드
에드워드 L. 데시, 데시, 리처드 플래스트, 이상원(2011). 마음의 작동법. 서울: 에코의 서재
유민임(2014). 대학생을 위한 인성예절교육. 서울: 창지사
우영효(2015). 쉽게 풀어 쓴 인성교육과 직업윤리. 서울: 동문사
임영익(2015). 생각위의 생각 메타생각. 서울: 리콘미디어
이부영(2015). 분석심리학(3판). 서울: 일조각
이주영(2007). 윤리문제에서 딜레마 뛰어넘기. 서울: 필맥
이진원(2013). 생각에 관한 생각. 서울: 김영사
이이즈카 리스코(2003). 먹어서 약이 되는 음식 153선. 서울: 아카데미북
이현숙(2010). 글로벌 인재를 위한 취업과 진로. 서울: 보문각
정형권(2014). 나를 표현하는 글쓰기, 대신하는 책 쓰기. 경기: 지앤선
하정연, 오정희(2015). NCS 기반의 인성과 진로. 서울: 동문사

Hartung, P.J., Porfeli, E.J., & Vondracek, F.W. (2008). *Career adaptability in childhood*. The Career Development Quarterly, 57, 63-74.
Holland, J. L. (1997). *Making vocational choices: A theory of vocational personalities and work environments* (3rd ed.).Odessa,FL:PsychologicalAssessmentResources.
Helwig, A.A. (1998). Occupational aspirations of a longitudinal sample from second to sixth grade. *Journal of Career Development, 24,* 247-265.
McDaniels, C., & Gysbers, N.C. (1992). *Counseling for career development: Theories, resources, and practice.* San Francisco: Jossey-Bass.
Super, D.E. (1990). *A life span, life-space approach to career development.* In D. Brown, L. Brooks, & Associates (Eds.), *Career choice and development: Applying contemporary theories to practice* (2nd ed., pp.197-261).SanFrancisco:Jossey-Bass.
Vondracek, F.W. & Porfeli, E. (2002). Integrating person- and function-centered approaches in career development theory and research. *Journal of Vocational Behavior, 61,* 386-397.

창의적 인재양성을 위한 인성교육

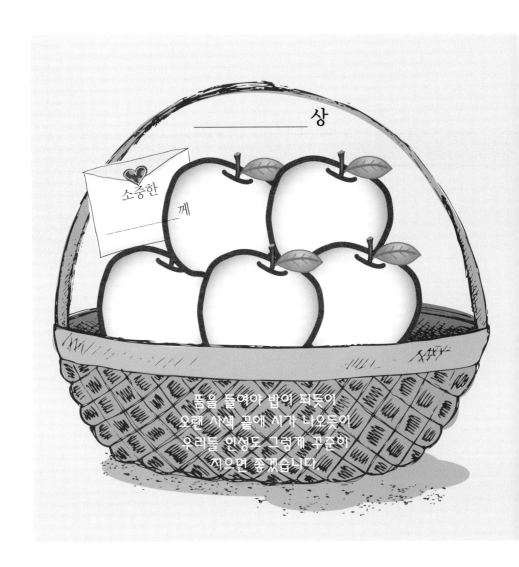

반갑습니다. 고맙습니다. 존중합니다.

20 년 월 일   요일

저 쟈 소 개

전종희
서울여자대학교 일반대학원 박사수료
현) 행복한그루 가족상담연구소장
현) 부천대학교 외래교수
전) 수원여자대학교 학생생활연구상담소 소장
자격) 가족상담전문가1급(제281호)

김선중
홍익대학교 일반대학원 박사졸업
현) 수원대학교 학생생활연구소 수석상담원
현) 극동대학교 외래교수
자격) 상담심리사1급(제301호), 정신건강증진상담사1급(제201호)

양은희
국민대학교 일반대학원 박사수료
현) 행복한그루 가족상담연구소 수석연구원
현) 수원여자대학교 외래교수
전) 수원여자대학교 학생생활연구상담소 수석연구원

창의적 인재양성을 위한
인성교육

초판 1쇄 인쇄   2016년 2월 29일
초판 1쇄 발행   2016년 3월 2일

지 은 이 | 전종희, 김선중, 양은희
펴 낸 이 | 김기섭
책임편집 | 이윤미
펴 낸 곳 | 창지사 www.changjisa.com
　　　　　[08589] 서울시 금천구 가산디지털 1로 83 파트너스타워 1차 9층
　　　　　전화(02) 719-2211~3
　　　　　팩스(02) 701-9386
등　　록 | 1977년 4월 28일 · 제1-421호

ⓒ 전종희, 김선중, 양은희, 2016
● 이 책 내용의 전부 또는 일부를 재사용하려면
　반드시 저작권자와 창지사 양측의 동의를 받아야 합니다.
● 저자와 협의하여 인지는 생략합니다.

ISBN 978-89-426-0873-7 (93370)

값 13,000원

「이 도서의 국립중앙도서관 출판예정도서목록(CIP)은 서지정보유통지원시스템 홈페이지 (http://
seoji.nl.go.kr)와 국가자료공동목록시스템(http://www.nl.go.kr/kolisnet)에서 이용하실 수
있습니다.(CIP제어번호: CIP2016005751)」